캄보디아의 소피아 선생님

캄보디아의 소피아 선생님

안진선

책머리에

어느 날 친구에게 전해 들은 KOICA. 캄보디아에서 봉사하는 것이 도대체 왜 내 마음을 사로잡았는지는 3년이 지난 지금도 명확히 설명할 수 없다. 하지만 27살 내게 그것은, 잠들기 전 눈을 감으면 설레는 미래를 그려보며 쉽게 잠을 이루지 못하는 무척이나 가슴 뛰게 하는 것이었다.

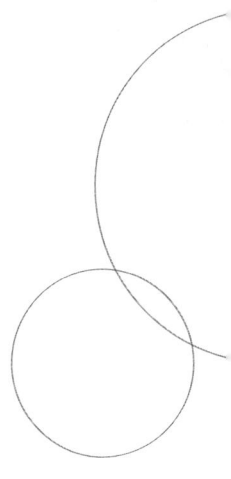

나는 설레는 꿈으로 적당히 부푼 풍선을 손에 쥐고 있었다. 그 풍선은 어느 날은 한껏 부풀어 오르기도 했고, 또 어느 날은 언제 그랬냐는 듯 쪼그라들기도 했다. 바람이 빠졌다 채워졌다 하기를 셀 수 없이 반복하다 어느 순간부터는 끝없이 부풀어 날아오르더니 나를 바다 건너 캄보디아의 한 작은 시골 마을로 데려가 주었다. 그러나 나를 이끌어 줬던 풍선은 캄보디아에 도착한 뒤 그동안 꼭 쥐고 있던 손이 허무하리만치 얼마 지나지 않아 터져 버렸다. 꿈을 이루기 위해 치러야 하는 대가치고는 열악하고 외롭기만 했던 나의 첫 캄보디아의 생활이었다.
그런데 학교의 아이들, 선생님들, 옆집 사람들, 나와 친구가 된 사람들은 내가 외로움을 품고 있는 것이 이상한 사람이라 느껴질 정도로 늘 행복해 보였다. 열악한 생활환경을 탓하고 불평하기에 모두들 너무나 가난했다.

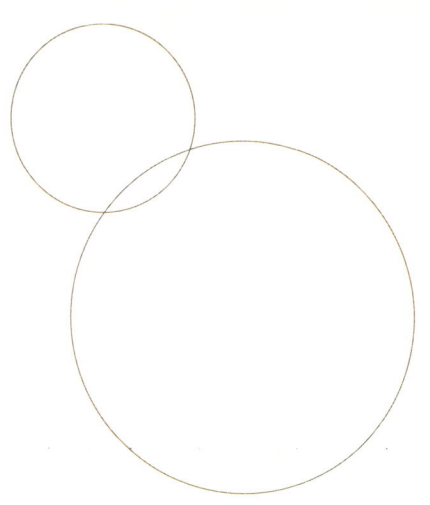

내가 이런 생각을 하거나 말거나 그들은 풍선이 없어진 나의 빈손에 대신 터질 걱정이나 두려움이 없는 사랑을 2년 내내 주었다. 매일같이 환하게 웃으며 달려와 안기는 아이들, 내 안전과 건강을 가족처럼 걱정하고 챙겨 줬던 선생님들. 강변에서 지는 노을을 바라보며 하루를 마무리하는 여유로움을 간직하며 살아가는 마을 사람들. 달라고 한 적도 없고 돈을 주고 산 저도 없지만 넘치도록 주었다.
세상에서 제일 순수한 사람들이 나를 사랑해 주는 것은 종종 내가 세상 전부를 가진 것처럼 느끼게 해주었다. 사랑하며 사는 것. 그렇게 살 수 있다는 것. 이보다 중요한 것이 있을까?

나는 앞으로도 프레이뱅에서 살았던 마음처럼 조금은 심심하고 지루해도 여유롭게, 화려하지 않아도 따뜻하게, 나 혼자 살기 급급해하지 않고 주위 사람들과 눈을 마주치며 살고 싶다. 그런데 훗날 힘든 일에 부딪힐 때마다 이 마음들을 조금씩 잊어버리고 결국에는 잃게 될까 봐 글을 쓰기 시작했다.

몸과 마음에 겨울이 없는 캄보디아. 바다 건너 그곳에 살고 있는 사람들의 따뜻하고 순수한 사랑이 이 책에 담겨 있기를 바란다. 읽는 이들의 손에 쥐고 있는 풍선이 쪼그라들거나 혹은 터지려 할 때면 그들이 원하는 곳으로 데려다 줄 수 있을 만큼!

존재만으로 세상을 따뜻하게 밝혀 주는 프레이뱅 마을과 롱덤라이 초등학교, 내가 탄 배가 언제든 돌아와 편히 쉴 수 있는 전용 부두인 가족, 삶을 풍요롭고 즐겁게 만들어 주는 친구들, 예쁜 것만 바라보며 살아갈 수 있게 해주는 멋진 남편 그리고 존경하는 나의 외할머니께.

2016 봄

안진선

목차

13 ──────── KOICA 단원이 되다

19 ──────── 무작정 적응하기

롱덤라이 초등학교의 미술 선생님	20
캄보디아에서 걷기?	30
수도 프놈펜	34
한국어 선생님이 되다	40
으악! 란도리	46
프레이뱅 시장	52
한국 in 캄보디아	58

67 ——————— 나 잘하고 있어!?

체육 수업을 하다	68
보티 세 자매	73
어느 일상 1	78
아쉽지만 인정!	83
고마워요 1	92
고마워요 2	97
한국어수업 ing	103

109 ———— 울고, 웃고 그러나 늘 써바이써바이

더위를 이기는 방법　　　　110
자전거 산책　　　　　　　　116
할머니 안녕　　　　　　　　124
쫄츠남 1　　　　　　　　　 128
쫄츠남 2　　　　　　　　　 134
한국으로 휴가를 다녀와서　 139
어느 일상 2　　　　　　　　145
여행　　　　　　　　　　　154
　———— 씨엠립　　　　　 157
　———— 프놈펜　　　　　 160
　———— 시아누크빌　　　 164
한여름 밤의 꿈　　　　　　 167
애증의 캄보디아　　　　　　171
기다림, 기다림, 기다림　　　180
아파　　　　　　　　　　　187

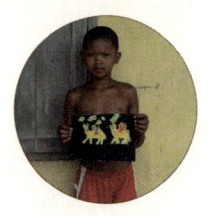

195 ──────── 어꾼쯔란(감사합니다)

나의 김미숙 아줌마	196
백마 탄 록끄루	202
나의 아이들	207

211 ──────── 쏙써바이 땀 플러우
(너의 가는 길이 평안하기를…)

눈물이 펑펑	212
쏙써바이	225
롱덤라이 초등학교 미술대회	231
쏙써바이 땀 플러우	242

254 ──────── PS. 반년 만에 다시 찾은 캄보디아

KOICA

단원이 되다

나는 대학에 진학한 후 학교 근처의 외갓집에서 할머니와
할아버지와 같이 살게 되었다. 그건 바로 세상에서 제일 멋지고
아름다운 두 분과 몇 년을 같이 지낼 수 있는 대단한 행운을 얻은
것이었다.

아침마다 할머니는 소박하지만 따뜻한 아침밥을 지어주셨고
80세에 가까운 할아버지는 젊은이들은 커피를 좋아한다며 손수
원두커피를 내려주셨다. 시험 때문에 내가 걱정하며 학교를
가는 날에는 할머니는 학교에 찾아와 교정을 한 바퀴 도시며
나를 위해 기도를 하고 조용히 혼자 집으로 돌아가시곤 했다. 또
겨울이면 내가 집에 도착하는 시간에 맞춰 침대의 전기장판을
미리 틀어놓고 기다려 주셨다. 어떻게 보면 이런 것들은 참 평범한
일들일 수도 있지만 나는 외할머니 외할아버지의 이런 모습에 매번
감동을 받고, 두 분이 세상을 바라보고, 견디어내는 모든 삶의
방식을 닮고 싶었다.

그리고 이듬해 외할아버지가 오랜 지병으로 세상을 떠나셨다.
그 이후 할머니는 자신이 세상을 떠나면 할머니와 나의 추억이
될 거라며 작은 수첩에 많은 것들을 기록해 주시기 시작했다.
오늘은 집에 몇시쯤 오는지, 오늘 반찬은 무엇인지와 같은 사소한
기록부터, 내가 앞으로 세상을 지혜롭게 살아갈 수 있는 말씀들,
행복하게 살아야 하는 이유를 적어주셨다. 할머니는 나에게
뭔가 하나라도 더 알려 주시고, 남겨 주시려고 하시는 것 같았다.

그렇게 몇 년간 나는 세상에서 제일 순수하고 아름다운 가르침과 큰사랑을 받았다.

그리고 그것들은 점점 나를 변화시켰다. 평범해서 의미 없이 지나쳐갔던 것들에 대해 진정으로 감사하는 마음이 생겼다. 그 마음은 어느샌가 넘쳐흘러 내게 주변의 힘들고 소외된 많은 이들에게 나눠주라고 말하기 시작했다. 그렇지만 아직 나는 내 삶의 대부분을 남을 위해 살아가는 것에 자신도, 용기도 없었기에 한 달에 한두 번 집 근처 요양원에 짧게 봉사활동을 다녔다. 그 즈음 한 친구가 내게 "너랑 어울리는 일이 하나 있더라"며 KOICA에 관해 이야기해 주었다. KOICA는 정부에서 운영하는 한국국제개발협력단(Korea International Cooperation Agency)이라는 기구의 줄임말이고, KOICA 단원이 되면 2년간 개발도상국으로 파견이 되어 각자 자신이 갖고 있는 재능기부와 봉사를 하는 것이라 했다.

이전에는 KOICA에 대해 들어본 적도 없던 내게 국제개발이라는 단어도 생소했고, 봉사라는 것을 직업으로 삼을 수 있다는 게 신기하기도 했다. 대학을 졸업하면 당연하듯 미술 관련 일을 하거나 대학원에 진학해 공부를 더 이어나갈 계획만 세웠을 뿐이었는데… KOICA를 알게 된 순간부터 나의 모든 관심은 온통 'KOICA 단원'으로만 쏠리기 시작했다.

KOICA 봉사단원의 활동을 알아보니 한국이 아닌 외국에서, 그것도 가난한 개발도상국에서 2년을 지내야 했다. 나는 하고 싶은 마음이 앞섰지만 당장의 많은 것들을 포기하고 갈 엄두가 나지 않았다. 그래서 대학 졸업까지 일 년이란 시간을 갖고 천천히 생각을 해보기로 했다.

그 일 년 동안, KOICA 단원을 꿈꾸며 넘치는 열정으로 밤에 뒤척일 때도 많았지만, 어찌나 흔들리는 순간들도 많았던지. '2년 뒤 한국에 오면 20대 후반인데 그때 취업 준비를 해서 일을 하기에 늦지 않을까?'
'사랑하는 사람들과 떨어져서 혼자 살아가야 한다니!'
'큰 벌레들이 집에 나오면 도대체 어떻게 대처해야 할까?' 등등…
하지만 외할아버지, 외할머니가 내게 심어 준 마음들은 대단했다. 원래의 나였으면 감당 못했을 이런 두려움을 이겨내게 해주었다. 나는 결국 대학을 졸업하자마자 KOICA에 지원을 했다. 떨리는 마음으로 면접을 보고 신체검사를 하고 '합격' 통지를 받았다 합격 후 총 세 달간의 결코 쉽지 않던 교육과, 현지어 공부, 적응훈련을 마쳤다.

그리고 드디어 나는 지금 캄보디아의 시골 마을의 한 초등학교 미술 선생님이 되어 이곳에 있다. 아! 얼마나 바라고 기다려왔던, 무수히 꿈꿔왔던 모습이던가!
앞으로 나는 캄보디아에서 '소피아'라는 이름으로 살아간다.

소피아는 지혜롭고 현명한 토끼라는 뜻의 캄보디아어 이름이다.
부디 지금은 알 수 없어 무섭기도 하고 설레이기도 하는,
캄보디아에서 2년간 생길 모든 일에 내 이름대로 지혜롭게 헤쳐
나갈 수 있기를… 그리고 내가 존경하는 두 분께 배운 따뜻한
마음들을 이곳에서 만나게 될 모든 이들에게 나눠줄 수 있기를…
간절히 바란다.

무작정

적응하기

롱덤라이
초등학교의
　　미술 선생님

나는 캄보디아의 수도 프놈펜에서 90km 정도 떨어진 프레이뱅이라는 시골 마을의 초등학교 미술 교사로 파견이 되었다. 마침 캄보디아의 초등학교들은 여름 방학 중이어서 나는 개학식까지는 한 달가량의 시간이 남게 되었다. 내가 거주하게 될 주인집 식구들에게 캄보디아어를 배우고 나는 동네 아이들에게 한국어를 가르쳐 주었다. 동네를 돌아다니며 지리를 익히고, 끝없이 펼쳐진 논밭을 향해 자전거 페달을 힘껏 밟았다. 낮에는 모든 것이 신기하고 새로운 시간들이고, 밤이 되면 한국이 그리워 울며 잠드는, 나는 이 긴 여행에 적응을 하는 중이다.

한 달 동안 느낀점을 간단히 이야기하자면 이곳은 길거리에 큰 개들이 정말 많고, 저녁 7시쯤 해가 지고 나면 가로등이 없어 온 동네가 칠흑과 같은 어둠 속이 되고, 낮에는 정전이 많이 되고, 한국에서 걱정했던 것처럼 상상도 하지 못했던 갖가지 벌레들과 거의 매일 신고식을 치러야 한다는 것, 모든 사람들의 관심 대상이 된다는 것 등등 하나부터 열까지 지금까지 경험해보지도, 생각해보지도 못했던 것이라는 점이다.

롱덤라이 초등학교 입구

그리고 계획했던 모든 일을 하고도 시간이 많이 남는 이곳은 내가 여태까지 살던 방식과는 아주 다른 시간의 흐름을 갖고 있는 곳이라는 것도 깨달았다.

그리고 드디어! 첫 등교 날이 왔다. 수업 시작은 8시 10분부터지만 선배 단원이 물려준 자전거를 타고 7시쯤 일찌감치 집을 나섰다. 자전거를 타고 가는 내내 거리에 나와 있는 동네방네 사람들이 눈을 동그랗게 뜨고 쳐다보기도 하고, '헬로우' '안녕하세요' '곤니찌와' 다양한 언어의 인사를 하며 손을 흔들기도 했다. 사람들의 환한 미소와 인사를 받으며 설렘, 약간의 긴장감을 안은 채 학교에 도착했다. 이때 내 마음은 바람에 휘날리는 봄날의 꽃잎들처럼 가볍고 자유롭고, 따뜻했다.

우선 교무실에 들어갔다. 한국의 보통 학교라면 새로운 선생님이 오면 교사들이 한데 모여 정식으로 인사하는 자리를 가졌겠지만 그런 자리는 마련되어 있지 않았다. 하지만 처음 만난 선생님들은 나를 아주 오랫동안 봐온 친구처럼 대하기 시작했다. 여선생님들은 팔짱을 끼고 삼삼오오 모여와 내게 애인이 있는지 물어보고, 있다고 하니 소리를 지르며 깔깔깔 호호호 큰 소리로 웃었다. 친근하게 손바닥으로 내 팔을 치며 결혼 계획까지 구체적으로 물어보기도 하고, 나이는 몇 살인지, 가족 구성원은 어떻게 되는지, 월급은 얼마인지 호구 조사를 했다. 신기하게도 앞으로의 수업 계획과 같은 나의 업무에 대해서는 일체 물어보지 않았고 딱히 궁금해하지도 않았다. 그리고 남자 선생님들은 고개는 나를 향해있지 않았지만 귀를 쫑긋 세우고 여자 선생님과 나의 이야기를 듣고 있었다. 내가 쳐다보면 수줍어하며 눈도 못 마주치는 남자 선생님들. 다들 나보다 나이가 많은 아저씨들이었지만 어린 남자아이처럼 수줍어하는 모습에 '참으로 순수한 사람들이구나' 라고 느껴졌다. 그리고 유일하게 교장 선생님만이 내게 우리 학교에서 앞으로 2년간 잘해보자고, 잘 부탁한다고 어려운 일이 있으면 말 하라는 공식적인 이야기를 해주셨다. 그렇게 선생님들과 만남 후 교무실을 나서자 드디어 아이들을 만날 수 있었다. 오늘은 새 학년 새 학기가 시작되는 날인데, 새 교복을 입은 아이는 거의 찾아볼 수 없었다. 다들 헤지고 낡은 교복을 입고 있었지만 그래서인지 아이들의 까맣고 커다란 눈과 미소가 더 빛나 보였다.

첫날이라 수업은 하지 않고 교실을 돌며 각 반 담임 선생님들과 함께 인사를 하는 시간을 가졌는데 아이들은 자리에 일어나서 다함께 캄보디아어로 알아듣기 힘든 주문 같은 인사를 하고 마지막으로 '안녕하세요.'라고 한국어로 인사를 하고 자리에 앉았다. 그 후에는 담임선생님들이 나에 대해, KOICA에 대해, 앞으로의 미술 수업에 대해 간단히 설명을 해주고 다음 교실로 이동했다. 그 커다랗고 반짝이는 눈동자들이 일제히 나를 향해 있으며, 환하게 웃고 있는 미소 뒤로 내게 이것저것 물어보고 싶고, 말을 걸고 싶어도 조금 전의 남자 선생님들처럼 한마디도 못하는 아이들의 모습이 무척 귀여웠다. 사실 어젯밤에는 많은 사람들 앞에서 미숙한 캄보디아어로 이야기를 하고 가르쳐야 할 걱정이 컸는데, 막상 학교에 오니 그 걱정들은 눈 녹듯 순식간에 사라졌다. 그건 다 선생님들과 아이들이 계속 나를 향해 사랑의 미소를 날려주기 때문이었다. 경계심을 갖거나 나를 파악해보려고 팔짱을 끼고 정색을 하는 사람이 단 한 명도 없어 나는 눈치를 볼 것도, 두려워 할 것도 아무것도 없었다. 그저 내가 이곳에 온 이유를 떠올리며 자신감 있게 이들을 대할 수 있게 해줬다.

각 반을 돌고 시간이 남아 내가 2년 동안 수업을 하게 될 미술실에 갔다. 얼마 전 혼자 나와 대청소를 싹 했었는데 신기하게도 모래 먼지들이 온 교실에 다시 수북이 쌓여 있었다. 청소를 아무리 해도 문틈과 창문 틈 사이로 모래 먼지가 들어와 절대 깨끗해질 수 없는 환경이라는 선배 단원들에게 익히 들었던 경험담들을 처음으로 겪는 순간이었다. 그러나 첫날이라 그런지 오늘은 이것마저도 신기하고 즐거운 경험처럼 느껴져서 기분 좋게 빗자루를 들고 교실을 쓸었다.

얼마 지나지 않아 쉬는 시간 종이 울렸다. 참 기가 막힌 종이었다. 그네 옆에 둔탁한 쇠뭉치로 만든 종을 한 아이가 쇠막대기로 '탕 탕 탕탕탕탕탕~' 이렇게 치는 것이었다. 기계음이 아닌 진짜 종소리가 울려 퍼지는 종. 그 옆으로는 지하에서 물을 퍼 올리는 듯한 펌프가 보였다. 어렸을 때 즐겨 보던 '빨간머리 앤'에서 앤이 물을 길어 나르는 딱 그 모양의 펌프였다! 얼마 전까지만 해도 난 2012년에 살던 사람이었는데, 타임머신을 타고 영화에서나 보았던

(파아) 고 칠 천장에 뜬 (해)별꽃 든 치는 아이(파아)

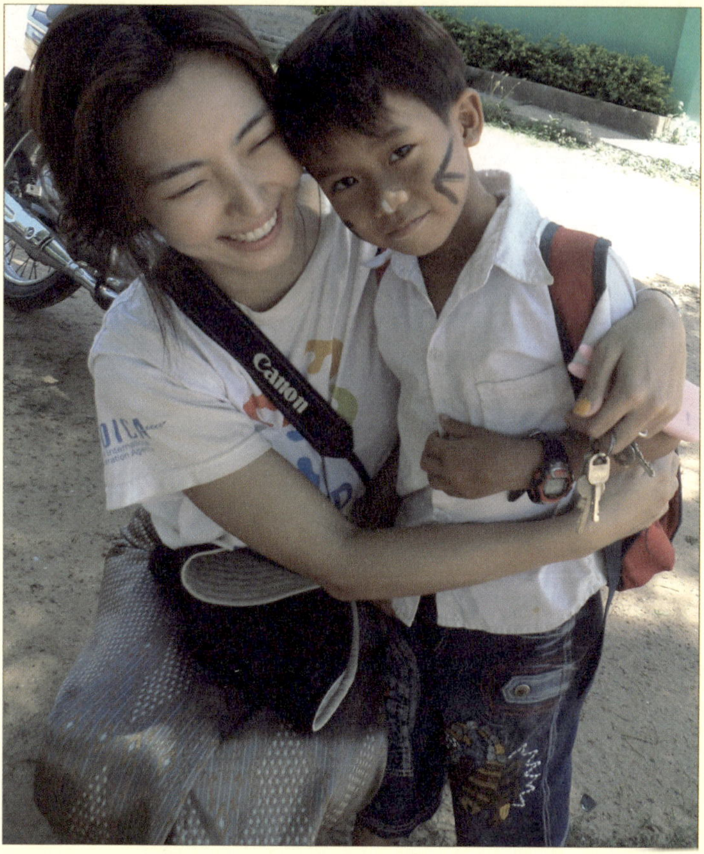

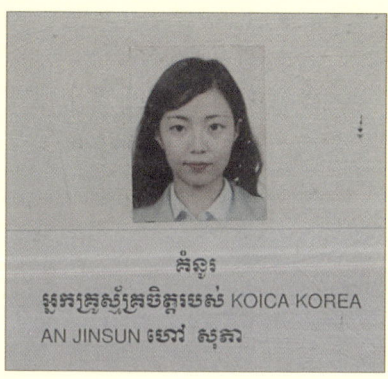

គំនូរ
អ្នកគ្រូស្ម័គ្រចិត្តរបស់ KOICA KOREA
AN JINSUN ហៅ សុភា

와타나와 나(위) | 교무실에 붙어 있는 나(아래)

60~70년대로 들어와 버린 듯했다. 한참 막혔던 수도꼭지에서 물이 콸콸 솟구쳐 나오듯, 종이 울리자 아이들이 소리를 지르며 교실 문 밖으로 나왔다. 저 멀리 운동장 한편에서 여물을 먹고 있던 소도 밀려오는 아이들에 놀랐는지 자리를 피하고 있었다.

쉬는 시간은 아이들의 시간이다. 조금 전 수업 시간에 각 반을 돌며 인사할 때 한마디도 못했던 녀석들이 떼로 몰려와 여자 선생님들이 내게 했던 질문들을 비슷한 순서로 물어보기 시작한다. 아무래도 캄보디아는 결혼이 인생의 제일 큰 화두인 듯 보였다. 교실 한쪽에서는 내게 잘 보이고 싶은지, 몇몇 여학생들이 두 팔을 걷어붙이고 시키지도 않은 청소를 하기 시작했다.

아이들에게 둘러싸여 있으니 숨이 막힐 정도로 더워져서 미술실 의자에 털썩 앉았다. 갑자기 사막에서 끝없는 길을 가는 새까만 개미 한 마리가 된 듯했다. 자리에 앉아 숨을 고르고 있으니 청소를 해주던 여학생들이 내가 더워서 힘들다며 아이들을 다들 밖으로 내쫓는다. 더워하는 나를 위해서라기보다 자기들이 새로운 미술 선생님을 독차지하려는 얄미운 마음으로 다른 아이들을 내쫓은걸 알았지만 이 무더위 앞에 어찌나 그 행동들이 고마운지. 교실 밖으로 내쫓긴 아이들이 교실 문과 창문에 빼곡히 서있었는데 그러자 교실이 어두침침해졌다.

우리 학교, 내가 근무할 롱덤라이 초등학교에는 전기와 화장실이 없는 캄보디아에서도 아주 열악한 학교다. 문과 창문을 활짝 열어 놓고 안으로 들어오는 햇살로 수업을 할 수 있는 교실.
그래서 아이들이 문과 창문 앞에 서있으니 갑자기 교실에 어둠이
밀려왔다. 하지만 학생들은 교실이 어두워지든 말든 아랑곳
안하고, 벌써 나를 사랑한다고 팔짱을 끼고 난리다. 내가 어느
정도 숨을 고르자 문 앞에 서성이던 몇십 명의 아이들이 또 다시
미술실 안으로 들어왔다. 이번에는 앉아서 아이들의 질문에
차근차근 대답을 해주고, 한 명 한 명 아이들의 얼굴을 바라보려고
했다. 내가 이곳에 온 이유, 그 아이들이 내 주위를 둘러싸고 있는
기다리고 기다렸던 이 순간들. 그래 너희들이구나. 괜히 혼자
눈물이 날 정도로 감격스러웠지만 다행인지 불행인지 아이들의
질문 공세는 내게 그럴 여유조차 주지 않았다.
쉬는 시간이 끝나고 아이들이 교실로 돌아가자마자 나는 학교
안의 매점에 달려가 얼음 콜라를 사서 단숨에 마셨다. 그래도
더위는 전혀 가시지 않았다. 다시 교실로 돌아오는 나를 보고
선생님들은 땀범벅이 된 내 모습을 놀려대며 웃었는데 기분이
나빠지는 않았다. '선생님들이 나를 벌써 스스럼 없이 대하는군.'
친근함으로 느껴졌다. 학교를 출근한 첫날의 대단한 위력 때문인지
몰라도 말이다.

캄보디아의 모든 삶이 내가 상식이라고 생각했던 것과 많이 다를
거라 수없이 예상하며 마음을 단단히 먹었다. 그리고 역시나
첫날부터 많은 것들이 다 나의 예상을 넘는 것들이었다. 그렇게
정신없는 시간이 지나가고, 벌써 마칠 시간이 되었다. 두 명의

아이가 달려 나와 운동장 한가운데 있는 국기게양기에서 캄보디아 국기를 내리고 다른 한 아이가 종을 아까처럼 '땅땅땅' 치니 아이들이 우루루 나와 운동장 한편에 세워져 있던 자전거들을 타고 5분도 채 안 되어서 교문을 빠져나갔다. 그사이 선생님들도 교무실 앞의 각자의 오토바이 위에 앉아 시동을 켤 준비를 모두 마쳤다. 캄보디아는 시간 약속에 대한 개념이 거의 없어, 단원들이 그 부분에 힘들어한다고 들었었는데 마치는 시간만큼은 지구촌 사람들 모두가 한 마음인가 보다. 마지막 아이가 교문을 나서자, 오토바이 위에 앉아 대기하고 있던 선생님들도 시동을 켜고 각자의 집으로 향했다. 선생님들을 따라 나도 자전거를 타고 교문을 빠져나왔다. 헤어지는 길에 '쭘립리어(안녕히계세요)'라고 인사를 하는 사람은 나뿐이었다. 아무도 인사를 받아주지 않아 당황스러웠다. 4시간이 채 안 되었지만 살랑살랑 일렁이던 마음처럼 가벼웠던 발걸음은 온데간데없이 땀과 더위, 흙먼지를 뒤집어쓰고 며칠을 막노동을 하고 온 사람처럼 푹푹 찌는 등굣길과는 전혀 다른 하굣길. 하지만 집에 가는 내내 입가가 씰룩거렸다. 혼자 웃으며 자전거를 타는 모습을 보고 바보라고 생각할까 봐 차분해지려고 노력했지만 그게 잘되지 않았다. 그새 아이들한테 옮은 걸까? 나는 계속해서 웃음이 나왔다.

캄보디아에서
걷기?

캄보디아에서 걷는 사람은 외국인밖에 없다는 말이 있다.
현지인들은 대부분 오토바이를 타거나 오토바이를 살 돈이
없는 사람들은 자전거를 타고 다닌다. 하지만 난 대학을 다닐
때도 날씨와 시간만 허락해 준다면 한 시간을 걸어 학교와 집을
오갔던 그런 사람이다. 그래서 '그래~ 낮에는 더우니까 해 질
무렵 집 앞 공원에서 운동 삼아 걸으면 되겠다!' 라고 생각했지만
이마저도 쉬운 일이 아니라는 것을 운동 첫날 알게 되었다. 이
시골 마을에서는 사람들이 여가 시간을 보낼 수 있는 카페라든지,
에어컨이 나오는 패스트푸드점이 단 한 군데도 존재하지 않아서,
해가 질 무렵 날씨가 약간 선선해지면 많은 사람들이 공원에
나와 군것질을 하며 엉꼬이레잉(앉아서 쉬다)을 한다. 프레이뱅의
공원은 현지인들이 모여 있는 광장 같은 곳이다. 그런 곳에서
피부가 하얀, 젊은 한국 여자인 내가 그곳을 운동한답시고 몇
바퀴를 돌다 보면 세계에서 제일 큰 런웨이를 도는 사람이 되고
만다. 이곳에 살면서 현지인들의 시선 덕분에 평소에도 '연예인들
기분이 이렇겠구나.' 라고 많이 느꼈다고 생각했지만 이렇게 큰
런웨이는 무척이나 부담스럽게 다가왔다.

그래서 난 아침에 학교 가는 2km 길을 자전거를 버리고 걸어
가보기로 했다. 아침 7시부터 우리나라 한여름과 흡사한 태양이
내려쬐므로 생각보다 힘들지는 않을지, 혹여나 학교 수업에
지장이 생길까 걱정되었지만 한 번 시도해 보기로 했다. 먹고 싶은
음식들도 포기하며 사는데 이마저도 여의치 않다면 2년 동안 걷는
것은 포기해야겠다고 생각했다.

집 앞을 나서면서부터가 고비였다. 우기인 요즘 밤새 비가
내렸는지, 아스팔트가 안 깔린 길은 온통 진흙투성이다.
오토바이가 지나간 자리를 골라 밟으며 한 발자국 한 발자국을
조심히 내딛었지만 진흙에 빠져 쪼리가 끊어질 뻔하고,
모또돕(오토바이 택시)아저씨들의 오토바이를 타라는 손짓을
겨우 겨우 물리쳐가며 약 30분 동안 걸어서 땀으로 뒤범벅된 채로
학교에 도착했다. 한국이었다면 아침부터 땀을 많이 흘리는 것에
남들의 눈을 의식하게 되거나 무척 찝찝해할 수도 있었겠지만
이제 이곳에 어느 정도 적응했는지 땀을 뒤집어쓰고 있는 깃픔은
별 신경을 안 쓰게 되었다. 학교 앞의 노점상에서 파는 봉지에 든
100원짜리 자스민차를 마시며 나무 그늘 아래에 앉아 있으니 바로
이곳이 천국이었다. 그렇게 더위를 식히며 쉬고 있었는데 교무실
앞에 모여 있던 동료 선생님들이 놀란 토끼눈이 되어서 자전거가
고장 난 건지, 도대체 왜 걸어왔는지 물어 왔다. 내가 원해서
걸어온 거라고 수차례 대답했지만 계속해서 자전거가 고장 난
건지 물었다. 그리고 어떤 선생님은 수업 후 집에 돌아갈 때는 돈을

안 받을 테니 오토바이로 태워주겠다고 했다. 캄보디아 초등학교 선생님들은 월급이 한화 십만 원 정도로 이곳에서도 생활하기에는 적은 편이라 선생님들은 오전에는 학교 선생님으로, 오후에는 모또돕기사, 농부 등의 다른 직업을 갖고 있다. 돈을 안 받고 집까지 오토바이를 태워주겠다는 선생님도 오후에는 모또돕 기사 일을 하는 분이다.

아마도 우리 학교 선생님들은 내가 사는 곳에서 학교까지의 거리를 걸어 다니는 사람을 거의 보지 못했었기 때문에 나를 신기한 눈으로 쳐다보며 계속 이해를 못하는 것 같았다. 나는 그런 선생님들의 반응이 재밌고 신기했다.
나는 다이어트의 목적보다는 건강을 위해 걸어왔지만 선생님들에게 걷기 운동을 설명할 자신이 없어 내배를 가리키며 '톰뿌어! 톰뿌어!' (배가 크다=배 나왔다는 뜻)라고 외쳤다. 선생님들 깔깔깔거리면서 그제야 놀란 토끼눈이 정상으로 돌아 왔고 이해를 해줬다.

걷는다는 것마저 신기한 일이라니! 내가 26년간 살아오던 세상과 너무 다른 캄보디아에서 앞으로 어떤 일이 펼쳐질지 무척 기대된다.

수도

　　　　프놈펜

내가 사는 지역은 현지인들끼리도 프레이뱅 출신이라 밝히면
거지 아니면 도둑이라고 뒤돌아서 밥을 먹는다는 이야기도 있다.
그정도로 캄보디아에서도 두 손가락 안에 드는 가난한 지역이다.
정확히 말하자면 나는 캄보디아의 프레이뱅도의 프레이뱅시!
프레이뱅시 안에서도 다운타운에 사는 것인데 한국과 비교했을 때
다운타운이라는 의미는 거의 없다고 보면 된다.
유일하게 에어컨이 나오는 상점은 주유소에 딸린 편의점 한
곳이다. 물론 그 편의점도 한국 시골동네 슈퍼보다도 물건의
종류가 적다. 마트에서 편히 장을 보며 살아왔던 나는 파리와
오물이 뒤섞인 시장에서 음식에서부터 생필품, 옷가지들을 사고,
카페에서의 커피 한 잔의 여유아 영화 관람 등 한국에서 당연하듯
누린 여가 생활은 나 홀로 집에서 얼음을 띄운 믹스커피와
한국에서 외장하드에 잔뜩 담아온 여러 장르의 영화들로
대신한다.

그런 프레이뱅에서 두세 시간 남짓 란도리(현지 교통수단)를 타고
달리면 내가 사는 곳과는 매우 다른 캄보디아의 수도 프놈펜에
도착한다. 갖가지 상점들, 수많은 오토바이와, 각종 번쩍번쩍한

외제차들, 길거리에 나와 있는 많은 사람들, 외국인들, 매연, 도시
특유의 이런 소음에 한국에서도 안 해본 시골 생활을 하다 가끔
프놈펜에 나오면 나도 모르게 넋을 놓고 두리번거리게 된다.
프놈펜에는 한국에서와 같은 대형마트가 세 군데 정도 있고,
우리나라 홍대, 가로수길, 삼청동과 같은 거리도 끊임없이
생겨나고 있으며 최신식 영화관도 두 군데나 있다. 한국에 비하면
턱없이 부족하지만 현재 시골 사람인 내게는 너무나 화려한
도시의 느낌을 완벽히 갖추고 있는 것처럼 보인다. 하지만 수도에도
대중교통이 없어 프놈펜에서 혼자 걷고 있으면 캄보디아의 유일한
교통수단인 모또돕(오토바이 뒤에 타는 것. 오토바이택시)과
뚝뚝이(동남아의 제일 흔한 교통수단)아저씨들이 몰려온다.
모또돕이 뚝뚝이보다 저렴하므로 혼자 이동해야 할 때는 주로
모또돕을 이용하는데 이것이 보통 골치 아픈 일이 아닐 수 없다.
외국인한테는 무조건 터무니없는 가격을 부르고 여간 바가지를
씌우려는 게 아니다. 하지만 다행히 나는 캄보디아어로 말을
하면 흥정이 돼서 꽤 알맞게 타고 다니지만 그래도 가끔은
터무니없는 가격을 우기는 아저씨들도 있다. 그런 아저씨들은
꼭 외국인이라서가 아니라 같은 현지인들한테도 그렇게 하는
사람들이라는 것은 몇 번의 경험을 통해 알게 되었다.

프놈펜 카페나 레스토랑에 가보면 현지인 아이들도 부모님과
함께 스파게티, 피자, 햄버거를 먹고, 한껏 멋을 부린 내 나이 또래
젊은이들이 삼삼오오 모여 스마트폰으로 셀카를 찍고 시간을

포토 에세이
강 위의 삶

보내고 있는 모습을 쉽게 볼 수 있다. 처음 프놈펜에 나와 그런 젊은이들을 보았을 때는 나도 화장도 하고, 깔끔하게 단장하고 한국의 내 친구들과 저렇게 즐거운 시간을 보내고 싶은 생각에 우울해지더니 그 생각들이 꼬리의 꼬리를 물어 '분명 캄보디아는 도움의 손길이 필요한 나라라고 하지 않았던가? 티브이에서는 오지 수준의 불쌍하고 어려운 사람들의 생활만 보여주지 않았던가? 나의 젊음을 한 조각 떼어내서 이곳에 쏟기로 결심하고 왔는데 외국인인 내가 이렇게 아니라 현지의 높은 사람들과 부자들이 우선적으로 자국의 발전을 위해 더한 열정을 보여줘야 하지 않은가?' 라며 처음 각오와 다짐은 온데간데없이 스르르 무너져 내렸다.

첫 프놈펜 나들이 이후 저런 생각들이 프레이뱅에 돌아온 뒤에도 머릿속을 떠나지 않고 계속 맴돌았다. 이 혼란스러움은 캄보디아에 온 지 얼마 안 됐기 때문에 낯선 환경에 적응을 다 못했기 때문일까? 아직도 밤끼디 눈을 감으면 한국에 있는 사랑하는 사람들이 떠올라서 눈물이 뚝 떨어지는 이 외로움 때문일까?

하지만 KOICA 봉사단원의 길을 택한 처음의 결심을 떠올리려고 노력했다. 돈이 많고 적고를 떠나서, 누구와 비교하지 않고 그저 '내 삶에 감사함을 느끼고 행복한 인생을 살고 있다.' 라는 확신이 있었기 때문이라고. 그래서 나는 나의 재능이 쓰일 수 있는 곳에 내가 있기를 간절히 바랐고 그 바람들이 지금 이 순간이라고!

그러면 힘든 시간들이 서서히 옅어지며 나와 인연이 된 프레이뱅 사람들과 주어진 시간 동안 사랑하며 살기를 강력히 원하는 마음만 남게 된다.

'아마 2년 내내 이러진 않을 거야, 조금만 지나면 이 시간들도 나중에는 그리워하는 시간들로 다가오겠지.'
아무래도 당분간은 프놈펜에는 나가지 말고 이 프레이뱅 시골에 콕 박혀 지내야겠다.

한국어
　　선생님이 되다

학교 수업에 어느 정도 익숙해진 어느 날엔가 집 앞 공원에서
사라를 만났다. 사라는 얼마 전 우리 학교에 한국의 봉사단체가
왔을 때 영어로 통역해주던 17살 소녀였다. 난 그때 프레이뱅에도
영어를 잘하는 친구가 있다는 것에 놀랐던 기억이다. 길을 가다
우연히 만난 사라는 내게 반갑게 인사를 하며 다짜고짜 내게
한국어를 배우고 싶다고 했다. 나와 얘기를 하게 되는 대부분의
현지인들이 내게 한국어를 가르쳐 달라 하기에 이번에도
그냥 인사치레로 넘어가야겠다고 생각을 했다. 그런데 곰곰이
생각해보니 나는 영어를 배우고 싶고 사라는 한국어를 배우고
싶어 한다. 그래서 사라에게 한국어를 가르쳐 줄 테니 너는 내게
영어를 가르쳐 달라고 말했다. 사라는 자신에게 영어를 가르쳐
준 목사님이 더 나을 것이라며 그 목사님께 영어를 배워보라고
했다. 난 솔직히 그 얘기를 듣고 인구의 97%가 불교인 이곳에서
나와 같은 종교를 믿는 친구를 우연히 알게 된 것에 마음 한편이
든든하기까지 했다. 사라에게 "그럼 내가 목사님에게 영어를
어디에서 배우면 돼? 한국어는 또 어디에서 가르쳐야 해?"라고
물었다. 그러자 사라는 자신이 다니는 교회에서 수업을 하면
된다고 했다. 갑작스러운 일이었지만 나는 다음 날 약속 장소와

한국어 수업을 하게 된 교회

시간을 잡고 같이 교회를 가보기로 했다. 다음 날 사라와 나는
약속 장소에서 만난 후 자전거를 타고 같이 교회를 갔다. 집에서
내가 자주 가는 시장, 학교, 강변으로 가는 길과는 반대쪽에
있어서 한 번도 가보지 않은 곳이었는데 불과 우리 집에서
자전거로 5분 거리에 아주 큰 캄보디아 현지 교회가 있었다. 이런
좋은 건물이 구석에 있던 것이 놀라서 물어보니 원래는 작은
교회였는데 세 달 전에 인천 소재의 한 교회에서 지어줬다고
했다. 1층은 영어와 컴퓨터를 배울 수 있는 교실 4개가 있고
2층은 예배당 3층은 옥상 테라스가 있었다. 교회 앞마당에서는
동네 꼬마들이 모여 축구를 하고 있었다. 사라가 목사님을
소개시켜줘서 목사님과 나는 교회 사무실에서 얘기를 나눌 수
있었다. 나는 어젯밤 사라와 둘이 집에서 같이 영어와 한국어
공부를 하는 상상만 했었다. 하지만 목사님은 내게 '한국어 공부를
하기 원하는 사람들에게 하루 한 시간씩 수업을 해주실 수 있니?'
라고 물으셨다. 나는 그 자리에서 바로 'NO'라고 대답했다. 하기
싫어서라기보다는… 오후에 남는 시간도 많았지만 한국어 수업은
해본 적도, 상상한 적도 없어서 난 못할 것 같았다.

목사님은 내 단호한 대답을 듣고도, 웃으면서 아무 걱정하지 말고
나를 조금 전에 처음 봤지만 '너는 충분히 할 수 있다'라고 말했다.
그렇게 당황스럽기도 했던 수업에 대한 얘기가 오갔다. 나는
일단 사라와는 약속을 했으니 다음 날 4시부터 5시까지 사라에게
한국어를 가르치고, 나는 5시부터 6시까지 목사님에게 영어를

배우기로 했다. 교회를 나서는데 목사님은 나를 위해 기도를 해주셨다. 뒤따라 사라와 교회 사람들은 처음 본 내게 한국어로 '축복합니다'라고 말을 해줬다. 나도 웃으면서 인사를 해어졌지만 얼떨떨한 기분이었다.

그리고 집에 오자마자 나는 눈물을 펑펑 쏟았다. 목사님이 조금 전 이제 나는 혼자가 아니라고, 너는 좋은 일을 하러 이곳에 왔고 그러므로 당연히 우리는 너의 친구이자 가족이라고 말을 했었다. 당시에는 모든 것이 당황스러워서 아무 대답도 못했었는데, 집에 오니 목사님의 말이 고맙기도 하고, 지금까지 혼자 힘을 냈던 것에 위로를 받은 것 같아 눈물이 멈추지 않았다.

인터넷을 이용하여 한국의 사람들과 이야기를 나누고 얼굴을 보는 화상통화를 할 수 있어도 여자 단원인지라 제일 두렵고 무서운 큰 벌레나 쥐들과는 결국 혼자 싸우고 이겨내야 했었다. 또한 같은 사람, 사물에 접근하고 대하는 태도 생각이 완전히 다른 현지인들이 내게 반갑게 인사를 하는 것에 어떤 악의는 없는지 살펴야 하는 내 몸의 안전부터 챙기는 것이 당연하게 되어버린 이곳에서 한국인이 아닌 프레이뱅의 현지인에게 위로의 말을 들으니 모든 게 복받쳐 올라왔다. 한국인인 내가 잘 알아들을 수 있는 표현은 처음이었던 것이다.

하지만 내일부터 한국어를 가르치게 생겼으니 마음을 가다듬고

유투브로 '가나다라' 등등 간단한 동영상 자료를 찾고 이렇게 하는 것이 맞는지 모르겠지만 내일을 위한 수업 준비를 했다. 그리고 다음 날 4시에 맞춰 교회에 가니 교실에 십여 명의 초등학생부터 동네 할아버지까지 초롱초롱한 눈빛을 하고 나를 기다리고 있었다. 하루 사이에 어떻게 소문을 냈는지 신기하기도 하고 당황스러웠지만 얼떨결에 그렇게 프레이뱅의 주민들과 한국어 수업을 시작하게 되었다.

낮잠을 자기 위해 누운 아이들(위) | 고마운 목사님(가운데) | 한국어 수업(아래)

으악!
란도리

캄보디아에는 버스나 전철 등의 대중교통은 없고, 한국으로 치면
도에서 도까지 넘나들 수 있는 시외버스는 있다. 프레이뱅만
빼놓고 말이다! 대신 프레이뱅에는 란도리, 란톰이라는
현지인들끼리 암묵적인 약속 같은 것으로 만들어진 교통수단이
있다. 에어컨이 나오는 버스가 있어도 동기들은 프놈펜까지 오려면
기본이 4시간 그리고 멀게는 10시간 가까이도 걸리기 때문에 이게
좋다, 저게 편하다, 이렇게 비교할 수는 없지만 내가 타고 다니는
란도리, 란톰도 절대 쉽지 않은 교통수단이다.

**란도리는 캄보디아어로 봉고차를 뜻하는데 그나마 란톰에 비해
깨끗한 편이고 에어컨도 틀어준다. 하지만 세 명이 앉아야 하는
줄에 기본 네 명, 다섯 명이 앉아 간다.** 처음엔 에어컨이 나오는
차가 있다고 하길래 란도리도 교통수단으로 괜찮겠거니 싶었다.
그런데 분명 인원수에 맞게 다 앉아 있어 내 상식으로 더 이상
사람이 앉을 자리가 없다고 생각했지만 한 줄에 세 명이 정원인
곳에 네 명, 다섯 명 가끔은 여섯 명이 꽉꽉 채워 앉았다. 게다가
나를 가장 놀라게 했던 점은 운전석의 왼편으로 한명이 더
앉는다는 것이다. 물론 운전석 옆 보조석에는 이미 두 명이 앉아

란톰(위) | 언제 출발하나요(아래)

있고, 보조석과 운전석 사이 빈 공간에는 작은 플라스틱 의자 위에
한 명이 더 앉아 있다. 그렇게 맨 앞줄에 다섯 명이 타는 것이다!
운전석 왼쪽에 사람이 한 명 더 앉는 날에는 운전사는 몸이
오른쪽으로 밀려났기 때문에 팔과 다리를 왼쪽으로 뻗어 운전을
했다. 신호등도 없이 추월을 하며 비포장도로를 달리는 이곳에서…
다행히 지금까지 사고가 난 적은 없지만 안전에 둔감한 편인
내게도 이 상황은 매번 공포스럽다.

그리고 란도리보다 조금 더 큰 란톰이라는 교통수단이 또 있는데
영화 속에 나오는 70~80년대 미국의 스쿨버스를 떠올리면 된다.
이게 어떻게 굴러가는지 신기할 정도로 오래되고 낡은 차들이다.
에어컨 없이 찌는 더위와 함께 사람과 각종 짐, 닭, 비둘기 등이
한데 어우러져 녹슨 기계 소리를 희한하게 내며 달리는 란톰!
차 위로도 짐을 한 가득 싣고 그 위에 또 사람들이 앉아 간다.
다큐멘터리나 영화 속에서 한번쯤 봤을 법한 동남아의 풍경 속에
직접 들어와 있다는 것이 신기하기도 하지만 이것이 삶이 되면
말이 달라진다. 출발, 도착 시간은 어찌나 불규칙한지. 만약 11시에
프놈펜에서 프레이뱅으로 출발한다고 치면 적어도 전후 한 시간은
시간을 비워놔야 한다. 오후에 프레이뱅으로 출발한다는 시간에
맞춰 나갔지만 차가 없어서 집에 못가고 프놈펜에 하루 더 묵게
된 적도 있고, 차안에 사람이 아직 많이 안 찼다며 기다리라는
말에 뜨겁게 달궈진 차 안에서 두 시간까지도 기다려 봤다.
대낮에 적도의 나라에서 그것도 에어컨, 선풍기 하나 없는 차

안에서는 있는 대로 짜증이 나고 나를 포효하는 동물과 가깝게
만들어 버린다. 봉사단원 정신이고 뭐고 다 사라지고 자꾸 운전사
아저씨들을 째려보게 되고 캄보디아 자체에 화가 난다. 물론
기다림과 더위로 지쳐 이성을 잃는 사람은 외국인인 나밖에 없다.
이렇게 홀로 감정의 끝과 끝을 오가며 씩씩거릴 때 현지인들은
다들 웃으면서 수다를 떨거나 운전사에게 어떤 항의도 없이
그러려니 기다리고 있는 중이다. 그것마저도 얄미워서 볼을 꼬집고
싶은 것은 나의 못된 심보겠지?

그리고 캄보디아에서 집배원 택배기사를 한 번도 본 적이 없는데
이런 배달 업무도 란도리와 란톰 아저씨들이 도맡아 한다. 대부분
현지인들은 은행을 이용하지 않기 때문에 은행의 계좌이체
업무까지 직접 해낸다. 특별한 절차도 없이, 꼭 잘 전달해 달라는
신신당부의 말도 없이 고무줄로 대강 묶은 돈 뭉치를 어디어디
집으로 갖다 주라고 말하며 툭 던져 준다. 우리나라처럼 집집마다
정확한 주소가 있지도 않고, 있다 해도 대부분 자신들의 주소도
외우지 않고 살기 때문에 집을 설명하는 방법이 큰 망고나무 앞,
누구네 옆에 옆에 집 이런식이다. 그것을 받아 든 기사 아저씨는
돈 뭉치나 편지를 자신의 호주머니나 차 앞 유리 사이에 대충 던져
놓는다. 처음 이 광경들을 보고 대체 저 편지나, 돈이 수취인들에게
잘 전달될 것인지 너무너무 궁금해 길 위를 달리는 내내 그것들만
계속 쳐다보았다. 비슷비슷하게 생긴 시골집을 지나다가 어느 집
앞에서 차를 멈추면, 오늘 받을 물건 혹은 편지를 계속 기다리고

있었는지 그 집안에서 사람들이 바로 달려 나와 물건들을
전달받았다. 아침에 혹은 낮에 도착할 거라고 대강 말하면 그냥
마당에 나와 앉아 기다리는 듯 보였다.

차를 타는 것은 또 얼마나 신기한지. 프레이뱅의 중심가에 있는
주유소에서 출발하는데 누구는 직접 차를 타러 와야 하고 누구는
집 앞으로 데리러 간다. 나도 언제는 내가 직접 차가 있는 곳으로
가야 했고, 언제는 집 앞으로 친히 데리러 오기도 했는데 대체
어떤 기준인지는 알 수가 없다. 기준 따위는 아마 없을 것이다.
그때그때마다 운전사의 마음이겠지.
그다음으로 이렇게 신기한 방식으로 사람들이 채워진 차를 타고
프놈펜으로 가다 보면 길가로 사람들이 종종 서있다. 시간이
정해져 있지 않은 이런 차들을 타고 프놈펜으로 가려는 기다리는
사람들이다. 그럼 또 돈을 흥정한 후 이들을 태운다. 외국인인
내게는 모든 것들이 불편하지만 이들에게는 너무나 훌륭하게
잘 돌아가는 시스템처럼 보인다. 그 누구도 불평과 불만을 하지
않으니 말이다.

그에 반해 내게는 란도리와 란톰은 더 이상 신기한 경험이 될 수도
없고 그렇다고 적응도 안 되는 참 고약한 교통수단이다.
차안과 지붕위로 구름떼같이 많은 사람들이 앉아 가고, 그
안에서 큰 소리로 떠들어도 누구하나 불평하는 사람도 없다. 그
안에서 음식 냄새를 풀풀 풍기며 밥을 먹고 담배를 피기도 한다.

찜통더위 속에 한 시간을 마냥 기다려도 그러려니 하는 사람들. 발 밑에 뭔가 스쳐 지나간 것 같아 고개를 숙여 들여다보면 살아있는 닭들이 의자 밑에서 나와 같이 이동중이다. 5분 있다가 출발한다는 말을 태연하게 10번이고 20번이고 반복하는 신기한 운전기사들. 프놈펜에 처음 가보는 시골 사람들의 들뜬 표정 등등.

아주 나중에 내가 캄보디아에 놀러왔을 때에는 전철이나 버스 같은 편한 교통수단을 이용해 시원하게 뻥 뚫린 도로를 달려 프레이뱅에 가게 될 날이 올 것이다. 이미 캄보디아 곳곳에 대중교통이 생길 조짐들이 보이고 있고 도로에 아스팔트를 까는 공사들이 한창이다. 나를 힘들게 하는 란도리, 란톰이지만 그만큼 진한 추억이 있는 교통수단들이기에 캄보디아에서 언젠가는 없어질 거라는 생각을 하면 괜히 아쉽기도 하다. 하지만 내가 캄보디아에 있는 동안 프레이뱅에도 제발 에어컨이 나오는 시외버스가 생겼으면 좋겠다.

프레이뱅
시장

현지인들은 우리와는 다르게 보통 반찬을 한두 가지만 놓고 밥을 먹는다. 대신 밥을 정말 어마어마하게 많이 먹는다. 우리나라의 국그릇만 한 그릇으로 두세 그릇 정도 먹는 것 같다. 분명 탄수화물을 많이 먹으면 살이 찌는 것이라고 알고 있었는데, 이곳에서는 밥을 많이 먹어도 아이고 어른이고 뚱뚱한 사람이 별로 없는 것이 여자인 나로서는 얼마나 부러운 일인지 모른다. 반면 현지인들은 한국 드라마를 보면 한국인들은 매끼마다 임금님 식사처럼 반찬이 많다며 역시 한국인들은 부자라고 놀라워한다. 그럴 수밖에 없는 것이 캄보디아에서는 대부분의 사람들이 냉장고를 사용하지 않아 음식을 따로 보관을 할 곳이 없다.

'어떻게 냉장고 없이 밥을 먹을 수 있지?'

내게 냉장고를 사용하지 않는다는 것은 27년 살면서 감히 상상조차 못 해봤던 일이다. 허나 나는 아직까지 집에 냉장고가 있는 현지인을 한 번도 만나본 적이 없다. 보통 냉장고가 있는 것이 당연한 사람들은 '캄보디아 사람들은 냉장고를 안 쓴대!' 라고 들으면 '가난해서 냉장고 살 돈이 없구나'라고 생각을 한다. 물론

처음에는 나도 그렇게 생각했었다. 하지만 캄보디아는 냉장고를
사용하는 문화가 아직 전파되지 않아 사용해 본적이 없기 때문에
현지인들은 필요성을 못 느낀다. 그리고 끼니때마다 혹은 매일
오전마다 그날 필요한 음식 재료들을 시장에 가서 구입하고
요리를 해 먹을 수 있는 시간적인 여유도 많다. 그렇기 때문에
한국과는 다르게 음식을 보관할 냉장고가 굳이 필요하지 않은
것이다. 그래서 현지인들은 그때마다 먹을 만큼만 간단하게 만들어
먹고, 식문화가 크게 발달되지 않았기 때문에 한국 드라마 속의
반찬이며 국이며 여러 가지 음식들로 차려진 밥상을 보면 놀랄
수밖에 없는 것이다.

동네마다 우리나라의 재래시장과 비슷한 꽤 큰 규모의 시장들이 꼭
있는데 그곳에서 대부분의 생산과 소비가 이뤄진다고 보면 된다. 각
시장들은 그 지역에서 심장이라고 할 수 있을 정도로 매우 중요한
곳이다.

시장에서는 경험해 보지 못한 생소한 광경들을 곳곳에서 볼 수
있다. 일단 한국에서 온 손님들, 그리고 나 역시도 첫 번째로
경악을 금치 못하는 것은 고기를 팔고 있는 풍경이다. 냉장고가
없는 이곳에서 고기를 어떻게 팔까? 대안은 없다. 매일 아침
돼지와 소, 닭, 오리를 잡은 후 나무로 만든 가판대 위에 박스를
올려놓고 그 위에 고기들을 부위별로 분리해 올려놓고 판다.
찢어진 박스 위로는 안심, 등심, 등등 육류의 각 부위들이 올라와

프레이뻉 시장에서 고기파는 아주머니

있고, 무시무시한 쇠고랑에는 돼지의 내장들이 축 늘어진 채 걸려 있고, 그 옆으로는 돼지 머리가 그대로 올라와 있다. 시장이 문을 여는 이른 오전에 고기를 사러 가면 막 잡은 생고기를 살 수 있다는 것은 큰 장점이지만 약 한 시간 정도 후부터 해가 뜨거워지기 시작할 때면 고기들 위로 파리 떼들이 새까맣게 엉켜 붙어 있는 걸 직접 목격하며 고기를 사야 한다. 장사하는 아주머니들의 일은 고기를 판매하는 것보다 파리채로 파리가 날아가게 휘휘 내젓는 일이 주 업무이지만 나는 매번 그 광경을 지켜보며 그게 무슨 소용일까 싶다. 파리채가 한번 휘젓고 가면 파리들은 잠시 공중으로 흩어졌다 금세 다시 내려앉는 무의미한 무한반복이기 때문이다. 어떤 단원들은 시장에서는 어떤 음식 재료도 사지 않고 수도의 한국식 마트에서 구매를 하기도 하고, 나처럼 '현지인들도 안 죽고 다 살아있는데, 뭐 어때' 식의 안전 불감증과 귀차니즘을 갖고 있는 단원들은 그냥 시장에서 사 먹기도 한다. 하지만 모든 것에는 장단점이 있다. 한국에 비해 너무나 저렴해서 행복한 비명이 나오는 곳도 있는데, 대표적으로 네일아트샵과 미용실이다. 한국에서 네일아트를 한 번 받으려면 보통 15,000원~20,000원 정도이지만 캄보디아 시장 안에서는 500원~1,000원이면 받을 수 있다. 미용실에서는 이십 분에서 삼십 분가량 머리를 감겨주며 마사지 비슷한 것을 해주는 캄보디아말로 '꺼써'라는 것이 있다. 이것 역시 네일아트와 비슷한 가격이다. 사람마다 재미를 느끼는 것은 다르겠지만 내 경우 이 두 가지는 지루한 시골 생활의 가격 대비 최고의 활력소가 된다.

하지만 시장에서의 이런 활력소마저도 자주 느낄 수 없다. 날씨가 선선한 이른 아침 혹은 해가 저물어가려는 늦은 오후, 더불어 내가 최상의 컨디션일 때나 느낄 수 있다. 더 이상 캄보디아의 환경이 새롭지 않고 익숙해질 정도로 삶이 이곳이 있게 될 때부터는 처음 느꼈던 새로움과 특별함에서 오는 흥미는 점점 잊혀지기 때문이다. 잊혀진 자리에 남는 것은 좁은 시장길 사이로 오토바이, 자전거, 찐득찐득한 땀으로 범벅된 사람들과 부딪히며 나 역시도 땀을 비 오듯 흘리고 있는 상태로 위생이라고는 최악의 상태인 음식들을 살 수밖에 없는 환경에 지쳐가는 나의 모습이다.

그래도 언젠가는 더위에 지쳐 시장을 보는 내가 그리운 시간들이 올 테고 그래서 가끔은 처음 느꼈던 설렘과 시장의 모든 광경들이 신기했던 순간들을 떠올리려 노력하며 시장을 본다. 신기하게도 처음 느낌까지는 아니더라도 시장 곳곳의 재미있는 요소들이 보이기도 하고, 오늘처럼 시장에 대한 글을 쓰고 싶어지기도 한다. 시간이 많고 여유로운 이곳에 맞춰 나만의 삶의 법칙들이 하나 둘 늘어가고 있다.

시장 안의 단골 네일아트샵

한국

　　　in

　　　　　캄보디아

나의 한국어 수업 제자들은 k-pop광팬 혹은 한국 여자와 결혼을 하고 싶은 고등학생들, 한국에서 일하여 돈을 많이 버는 꿈을 꾸는 젊은이들, 순수하게 한국이 좋아서 공부를 하는 다양한 연령대의 사람들이다. 그런데 캄보디아에서는 나의 한국어 수업 학생들뿐 아니라, 엄청난 한류 열풍과, 한국으로 돈을 벌러 나가는 외국인 노동자들로 인해 한국 사람은 다 예쁘고 멋있고, 한국에서 만들어진 물건들은 최고며 부자 나라라는 인식이 깔려 있다. 길을 가다 현지인들이 동양 사람들을 보면 중국인인지 일본인인지 한국인인지 물어보곤 하는데 꼬레(한국)라고 하면 역시 한국 사람들이 제일 예쁘다며 티브이에 나오는 여자들도 어쩜 그렇게 다 예쁠 수가 있냐고 묻는 일이 허다하다. 얼마 전에는 학교 선생님이 한국에 일하러 간 동생이 보내줬다며 한글로 쓰여 있는 샘플 로션을 잔뜩 가져왔었다. 나는 처음 들어보는 브랜드였고 딱 봐도 한국에서 아주 값싸고 그렇게 좋은 편은 아닌 화장품이라는 걸 알 수 있었다. 하지만 그 선생님은 메이드 인 코리아라 제일 좋은 거라며 이 화장품을 쓰면 한국 여자들처럼 하얘지고 피부도 좋아진다며 주위 선생님들에게 자랑을 했다. 그 모습을 보고 냉장고에 한가득 있는 샘플 로션들을 한국으로 돌아가기 전에 꼭 우리 학교 선생님들에게 다 나눠 줘야겠다고 생각했다.

학교에서 뿐만 아니라 미용실이든 시장에서든 캄보디아 여자들은 내게 어떤 화장품을 쓰는지 진지하게 물어보고는 한다. 캄보디아의 평범한 사람들은 보통 20대 초반에 결혼하고 아이도 바로바로 낳으므로 이곳에선 보통 내가 여자로서 나이가 많다고 생각하는데, 나보고 나이가 많은데 왜 이리 피부가 좋은지 물어보는 것이다. 이들은 햇빛이 노화의 주원인이라는 것을 모르는 것 같다. 그렇다고 시골에 팔지도 않는 선크림을 꼭 바르고 다니라고 말을 해줄 수도 없고, 아마 한국과 캄보디아는 날씨가 다르기 때문일 거라고, 모자를 꼭 쓰고 다니라고 말을 해준다. 게다가 길을 돌아다니다 보면 처음 본 어르신들이 내 팔이 하얗다며 스윽 만져보기도 한다. 캄보디아 사람들은 하얀 사람을 만지면 자기에게도 그런 기운이 와서 하얗고 피부가 좋아질 것이라 생각하여 만지는 것이라고 한다. 이런 문화를 알지 못하고 내가 살아온 방식으로 대처한다면 참으로 난처한 상황이었을 것이다. 또, 캄보디아 도로 위에서 심심치 않게 볼 수 있는 것이 메이드 인 코리아 중고 승합차다. 우리 프레이뱅에서도 다른 지역을 오가는 섬진강횟집 차를 매일 오전마다 볼 수 있다. 한국어로 쓰여 있는 것이 명품 상표처럼 인식되어서 안 떼는 것이라고 했다. 가끔은 글자가 거꾸로 붙어 있는 차들이 있어 한국에서 저렇게 글자를 거꾸로 붙이고 다니지는 않았을 텐데 하고 의문이 들었었는데 나중에 프놈펜의 단원에게 들어보니 프놈펜에는 아예 차에 한글스티커를 붙여주는 곳이 있다고도 했다.

이곳에서 어디를 가든 항상 환영을 받다 한국에 돌아가면 왜 사람들이 날 안 쳐다보지 하고 관심을 못 받는 것에 이곳을 그리워하기도 한다는 얘기가 단원들 사이로 전해 들려올 정도로 한국인은 현지인들에게 사랑을 듬뿍 받는다. 나도 언젠가 한국에서는 상상치도 못했던 일을 겪은 적이 있는데 공항에서 한국에서 오는 손님을 기다리고 있는데 뒤에서 젊은 남녀 현지인들이 내 사진을 찍고 있는 것이었다. 내 옷에 뭐가 묻었나? 하고 살펴봤지만 그런 건 아닌 것 같았고, 나는 민망해서 그 자리를 황급히 떠났지만 내심 연예인이 된 듯한 기분에 기분이 좋기도 했다. 도대체 내가 언제 이런 걸 경험할 수 있을까 싶어 다음에 또 비슷한 일이 생기면 즐겨봐야겠다고 다짐도 했다. 그러나 뭐든 과하면 좋지 않다는 말이 있듯이, 외출 때마다 나를 바라보는 시선들이 부담스러울 때도 많고, 해가 저문 밤에는 나를 바라보는 것에 악의가 없는 눈빛이라는 걸 알면서도 무서운 마음이 들어 행동에 제약이 생기기도 한다.

또 하나, 현지인들은 대놓고 내 월급이 얼마인지 물어본다. 한국인이여서 더 궁금해하기도 하지만 우리나라처럼 돈의 액수는 가족끼리도 묻지 않는 것이 매너라고 생각하는 문화와는 정반대로 매우 직접적으로 돈에 관해 이야기를 할 수 있는 곳이기도 하다. 우리 학교 선생님들 한 달 월급이 우리나라 돈으로 십만 원 정도니 한국에서의 보통 월급도 이곳 물가와 비교했을 때 너무 많아 처음에는 '나를 부자라고 생각해서 자꾸 뭘 달라고 하거나 도와달라고 하면 어떡하지?'란 생각에 말하기가 꺼려졌다. 그러나 진심으로 궁금해 하는 이들에게 매번 잘 모르겠다고 대답하기도 영 곤란하여, 월급을 이야기하면서 꼭 한국의 물가에 대해서도 말했다. 특히 캄보디아에서는 천 원 정도에 망고를 한 묶음 살 수 있을 정도로 값이 싼 과일이지만, 우리나라에 나지 않는 비싼 망고와 코코넛 가격을 대충 이야기하면 굳이 거짓말을 하지 않아도 내가 부자가 아니라는 것을 인식시켜줄 수 있었다. 그리고 이들이 일하는 시간과 삶의 여유를 생각하면 우리가 일을 하고 돈을 더 많이 버는 것은 어쩌면 당연한 부분이 있을 것 같기도 한 생각이 든다.

아무튼 캄보디아에서 한국인으로 살아가는 것은 꽤 행복한 일임이 분명하다!

나 잘하고 있어!?

체육 수업을
하다

KOICA 봉사단원은 자신의 파견국을 맘대로 정할 수 없다. KOICA 본부에서 개인과 근무지의 환경에 최대한 맞춰서 정하기 때문이다. 나는 아프리카나 남미가 아닌 동남아시아로 파견된 것을 무척 다행이라 생각한다. 이미 이곳을 사랑하게 돼버렸기 때문일 수도 있고, 다른 이유로는 한국과 캄보디아를 오가는 비행기 표가 다른 곳에 비해 저렴하다는 것이다. 다 큰 여자가 대학을 졸업하고 취업해서 돈을 벌겠다는 것도 아니고, 심히 걱정스러운 나라에 가서 2년간 지낸다고 했을 때 믿고 보내준 한국의 사랑하는 사람들이 고마울 수밖에 없는데 그들이 캄보디아에 오는 것, 내가 한국에 가는 것도 다른 나라보다는 부담이 덜하기 때문이다. 그 사실이 낯선 캄보디아 생활에 힘이 된다. 이곳에서 사랑하는 사람과 함께할 수 있다는 것 자체가 얼마나 소중하고 놀라운 일인지 뼈저리게 느끼고 있다.

얼마 전 남자 친구가 캄보디아에 왔다. 함께 캄보디아 이곳저곳을 여행 다니면 좋겠지만, 평일에는 학교에 나가야 하기 때문에 마음대로 다닐 수는 없는 사정이다. 그렇다고 시골에서 아무것도 안 하자니 목이 빠져라 기다리고 기다렸던 시간들이 아깝게 느껴졌다. 그래서 생각한 것이 체육 전공인 남자 친구도 체육 교육이 제대로 안 되는 우리 학교에서 같이 봉사를 하면 좋겠다는 것이었다. 어차피 시골에서 보내야 하는 시간을 남자 친구가 갖고 있는 재능을 학교 아이들에게 나눠 주면 아이들에게도 좋고, 우리에게도 특별한 추억이 될 수 있는 좋은 경험이 될 것이라 기대를 해보았다. 그래서 혹시나 하는 마음에 교장 선생님께 '남자 친구는 체육을 전공했고 하루 시간을 내어서 아이들과 놀이 체육 수업을 가져도 될까요?'라고 물어봤다. 감사하게 교장 선생님은 그 자리에서 흔쾌히 승낙을 해주셨다.

다음 날 아침 남자 친구와 같이 학교에 출근을 하게 되었다. 교실에 들어온 아이들 눈이 휘둥그레져서 남자 친구를 쳐다봤다. 내가 '썽쌍(애인)'이라고 하자 여자아이들은 자기들끼리 눈을 마주치고 키득키득 웃으며 손가락으로 날 놀리는 시늉을 했다. 오늘은 특별히 체육 선생님과 함께 체육 수업을 할 거라고 운동장을 손으로 가리키며 "나가자!"라고 말했다. 말이 떨어지기 무섭게 아이들은 교실이 떠나갈 듯 소리를 지르며 뛰쳐나갔다. 평소 잘 웃지 않던 얌전한 남학생도 입가를 씰룩거리며 운동장으로 나갔다. 그 모습을 보고 오늘 단 하루뿐이지만 아이들, 남자 친구, 내게도 좋은 추억과 경험이 될 수 있는 날이 되기를 바라는 간절한 마음이 더 불타올랐다. 그래서인지 마냥 신난 아이들과 달리 난 비장한 마음으로 운동장에 나갔다. 처음에는 준비운동으로 시작했다. 남자 친구가 앞에서 준비운동을 하면 내가 통역을 해주며 아이들이 따라할 수 있도록 옆에서 보조를 했다. 미술, 음악뿐 아니라 체육 교육도 제대로 되지 않은 이곳 아이들에겐 준비운동마저 처음 해보는 경험이다. 그래서인지 한국에서는 준비운동이 웃긴 거라고 한번도 생각을 못했는데 아이들은 한 동작 한 동작 할 때마다 배꼽이 빠져라 웃으며 따라했다. 그리고 교장 선생님을 비롯한 선생님들이 저만치 뒤에서 구경을 하고, 핸드폰으로 사진을 찍었다. 준비운동을 했을 뿐인데 마치 대단한 일을 한 것 같은 기분이 들었다. 다음으로 남녀 계주를 진행했다. 계주란 것은 첫 주자가 배턴을 들고 달리다가 다음 주자에게 배턴를 넘겨주고 이어받은 사람이 달리고 그렇게 주고받으며 달리는 시합인데 이건 뭐 배턴을 터치하기 전에 마음이 급해서 달려오질 않나 한 명이 계속 달리지를 않나, 다른 팀한테 가지를 않나, 그 어떠한 룰도 아이들에게는 적용되지 않았다. 아이들이 계주를 모르는 것이 당연했지만 나는 차마 이것도 모를 것이라 전혀 예상을 못 했던 부분이었다. 뒤에서는 모든 선생님들이 나와서 우리를 지켜보고 있고 아이들은 잔뜩 기대에 부풀어 있는데 나는 순간 무척 당황했다. 계주가 끝난 후에는 또 다른 룰이 있는 놀이 체육을 계획했는데 모든 게 물거품으로 돌아갈 것만 같아 불안했다. 급한 대로 남자 친구와 잠시 회의를 한 후 쉽고 간단하게 규칙들을 바꾸고, 우리가 먼저 몸으로 직접 시범을 보인 후 아이들이 따라하도록 했다. 다행히도 이번에는 아이들이 이해를 하고 즐겁게 체육 수업을 할 수 있었다. '아이들은 말 그대로 처음 접하는 것들이 많고, 우리와는 전혀 다른 환경에서

선생님을 따라해 봐요(위) | 신나게 뛰어 노는 아이들(아래)

자라왔는데 내가 자라고 배운 방식대로만 생각해서 수업 준비를 해온 것이 내 생각과는 전혀 다르구나'라고 또 한 번 깨닫게 되는 시간이었다. 아이들에게 페이스페인팅을 해주는 것으로 우여곡절 끝에 체육 수업을 마무리했다. 적도의 뜨거운 태양 아래, 그것보다도 더 뜨거운 아이들의 열기 아래, 수업이 끝난 후 남자 친구와 나는 녹초가 되었지만 사랑하는 사람과 함께 봉사활동을 했다는 것은 아이들보다도 내게 더 큰 행복을 주는 것이었다. 수업이 끝난 후 교장 선생님이 남자 친구가 한국에 언제 돌아가는지, 아이들이 체육 수업을 해볼 기회가 없었는데 덕분에 오늘 아이들이 좋은 시간을 가졌다고 남자 친구가 한국에 돌아가기 전까지 학교에 와서 다른 학년도 수업을 해줄 수 있는지 물었다. 우리는 흔쾌히 승낙했다. 그 후 일주일 동안 남자 친구는 롱덤라이 초등학교의 특별 체육 교사로서 전 학년에게 체육 수업을 하게 되었다.

한국같이 체계가 확실했다면 이런 특별 수업을 못했을 확률이 더 높고, 수업을 해도 되는지 물어보지도 못했을 텐데 캄보디아이기에 가능했었다. 그 결과 모두에게 좋은 영향을 끼치는 일이 되어 무척 기뻤다. 그리고 사랑하는 사람과도 또 하나의 좋은 추억을 갖게 해준 캄보디아에, 우리 학교와 선생님들 아이들에게 감사하다.

보티

　　세 자매

수업이 끝난 후 집에 와서 밥을 먹고 나른해서 낮잠을 자려고
할 즈음이면 어김없이 아이들이 대문을 두드린다. 언제부터인지
기억이 나지 않지만 누군가 처음 우리 집에 놀러 왔었고, 학교에
소문이 퍼져 삼삼오오 모여 다 같이 집에 놀러 오곤 한다. 학교와
우리 집 거리는 아이들에게 자전거로 20분 남짓, 처음엔 구슬땀을
흘리며 집에 찾아온 게 귀여워 받아 주었지만 놀러 오는 횟수가 내
생활에 방해가 될 정도로 많아지고, 삼십 명 정도 되는 아이들이
찾아오기도 했다. 선을 그을 필요를 느껴 한번은 '선생님은 바쁘니
다시 집으로 돌아가라'고 되돌려 보내기도 하였다. 왜 놀러 오는지
물으면 선생님을 사랑해서라고 답하는 아이들을 문전박대하는
것이 마음이 좋을 리 없어 결국 아이들을 집으로 다시 맞이했다.
한국에 돌아가서 캄보디아를 추억할 때 대문 앞에서 초롱초롱하게
간절히 바라는 눈빛으로 땀을 뚝뚝 흘리며 서있던 아이들을
생각하면 내가 못 견딜 것 같아서다. 그러나 가끔은 해도 해도
너무한 아이들에 지치기도 하지만 수업이 없으면 하루 온종일
썰렁한 집이 아이들 덕분에 잠시 북적북적하니 좋다고 울며 겨자
먹기 식으로 생각한다.

보티 세 자매

처음엔 소문을 듣고 너도나도 놀러 오더니 시간이 지나자 항상
오는 멤버들만 집에 놀러 왔다. 오늘 온 보티 세 자매 역시 항상
오는 멤버 중 하나다. 세 자매가 각각 5학년, 2학년, 학교 부속
유치원생인데 학교 아이들 중에서도 더 가난한 아이들이다.
캄보디아에 온 지 얼마 안 되었을 때 시장에서 세 자매가 생선이
든 바구니를 어깨에 메고 생선을 팔고 있는 것을 보고 '아 내가
정말 캄보디아에 있구나, 내가 상상할 수 없는 일이 앞으로도 많이
있겠구나'라고 생각하며 많이 놀랐었다.

세 자매는 집에 놀러 오면 다른 아이들과는 다르게 설거지, 청소를
하고 자꾸 집안일을 대신한다. "선생님이 할 테니 놔 두거라" 하면
세 자매 중 제일 언니인 5학년 보티는 자기는 노는 것보다 이렇게
집안일을 하는 것이 좋다고 대답한다. 집에서도 자기가 밥도 하고
설거지를 한다며 자랑스럽게 이야기하는 어린 친구들. 설거지를
하는 손놀림이 정말이지 어떤 어른들보다 빠르고 능숙한 것 같다.
대체 몇 살 때부터 일을 해왔던 것일까?

아이들은 우리 집에 있는 물건들을 신기해하며 구경하는데, 보티가
다른 아이들과 다른 점은 모든 것에 '얼마예요?'라고 물어본다는
것이다. 다른 아이들은 한국의 날씨나 높은 건물들 같은 것을
궁금해하지만 보티는 비행기 표가 얼마인지 어디서 돈이 나는지
물어보는 것이다. 그리고 종종 세상에 찌든 표정을 지으면서
자기는 '돈이 없어서'라는 말을 달고 산다. 어린 여자아이가 말이다.

분명 어렸을 때부터 지독한 가난 때문에 그런 습관이 생겨났을 테다. 한편으로는 가끔은 그렇게 힘든 표정을 하며 돈이 없다는 것을 말했을 때 도움을 받았기 때문일 가능성도 있다. 학교의 다른 아이들도 가난하지만 대부분 캄보디아의 아이들답게 천진난만하고 밝기만 한데 보티 세 자매도 돈 걱정 같은 것은 하지 않고 어린 소녀들답게 생각했으면 하는 바람에 나는 이 세 자매를 앉혀 놓고 엄한 목소리로 '아이들이 돈 얘기를 하고 돈 걱정을 하는 것은 좋지 않은 거야!'라며 진지하게 말을 했다. 자신이 분명 뭘 잘못했는지 모르는 눈치였지만 내가 엄하게 얘기하자 알겠다고 고개를 끄덕였다. 그 뒤로 세 자매가 내 앞에서 돈 얘기를 하면 가끔은 그냥 넘어갈 때도 있었고 다시 한 번 안 좋은 거라고 일깨워 주기도 했다. 그리고 어느 순간, 보티 세 자매가 돈에 관련된 이야기를 예전에 비해 현저히 적게 한다는 것을 알 수 있었다. 그저 몇 마디 해줬을 뿐인데 아이들이 나를 좋아하는 마음에 내가 하는 말을 잘 새겨 들어준 것 같아 고마웠고 기뻤다.

그 후 나는 보티 세 자매뿐 아니라 학교 아이들 중 더러운 옷을 입고 다닌다거나 머리를 잘 안 감아서 이가 득실대거나 이빨이 심하게 썩는 등 유독 비위생적으로 학교를 다니는 아이들을 붙잡고 보티 세 자매에게 했던 것처럼 '머리를 감고 다녀야 예쁘고 좋은 사람이다, 이빨을 잘 닦으면 선생님이 기쁠 것 같다'라고 꾸준히 말을 하고 있다. 처음에는 내가 무슨 말을 하는 건지 이해는 하고 있는지 히죽히죽 웃기만 했던 아이들이지만 점차적으로 나아지고 있는 것을 눈으로 확인할 수 있을 정도로 깔끔해져 갔다. 내게 달려와 구멍 난 옷을 꿰맨 자국을 보여 주고, 옷이 더러워서 어제 직접 빨래를 했다며 자랑을 하기도 했다. 보티 세 자매 덕분에 우리 학교 아이들이 점점 말끔하게 변하고 있다!

어느
　　　　일상 1

일주일간 수도에서 볼일을 보고 프레이뱅에 도착했다. 오랜만에
온 집은 문틈과 창문 틈으로 들어온 먼지, 지푸라기 그리고
여기저기에 있는 쥐똥까지. 그리고 중온 정도의 사우나와 흡사한
숨이 턱 막히는 무거운 공기. 오는 내내 땀범벅이 되었는데 편안히
쉬어야 할 집에서조차 더위와의 전쟁이 시작되었다. 땀을 거실
바닥에 뚝뚝 흘리며 빗자루질을 하니 '캄보디아에서 지내는
대부분을 이 집에서만 보내고 있는데 이곳마저도 나를 많이
힘들게 하는구나'라는 생각이 들었다.

청소를 하며 돌아다니다 본 거울에 비친 나의 몰골은 20대
뽀송뽀송해야 할 처녀가 머리는 아줌마처럼 틀어올리고 피부는
란도리 일을 하는 프레이뱅 청년들처럼 새까맣게 그을리고 더위에
푹푹 찐 너무나 볼품없는 모습이었다. 예쁜 옷을 사고 화장을 하고
외모에 관심을 그렇게 쏟던 내가 어떻게 이 모든 것을 버티고 있나
싶었다.

예쁜 옷을 입고 꾸미기를 좋아하는 나지만 안전상, 정서상의
이유로 한국에서처럼 내키는 대로 멋을 부릴 수는 없는 곳이다.

캄보디아에 있는 2년 동안 이런 것들을 못 한다는 것은 이곳에 오기 전 한국에서 생각만 해도 제일 힘들 것 같던 것이었다. 혹시나 가끔은 몸에 딱 붙는 예쁜 원피스도 입을까 싶어 한국에서 두세 벌 챙겨 왔지만 결국 한 번도 입고 나가지 못했다. 캄보디아 여자들은 더 야하게도 입고 다니기도 해서 가끔 입고 외출을 시도했지만 엄두가 나지 않아 포기해야 했다. 왜냐하면 몸빼만 입고 길에 나가도 모든 사람들의 시선이 외국인인 내게 쏠리는데 그 엄청나게 부담스러운 시선들을 감당할 수가 없기 때문이다. 그래서 참다못해 집에서 화장을 하고 예쁜 옷을 입고 혼자 셀카를 찍으며 스트레스를 조금이나마 해소하기도 한다. 화장을 지우기 위해 화장실에서 세수를 하며 거울을 보면 '휴, 내가 지금 뭐하는 건가' 싶은 씁쓸한 기분이 든다.

한국에서 손님이 오면 기회다 싶어 화장도 하고, 최대한 안전하게, 눈에 튀지 않게 입고 싶은 옷을 입기도 하며 어느 정도 타협점을 찾고 지내게 되었지만 풀리지 않는 마음이 어디 가랴. '한국에 가면 이렇게 입어야지. 요새는 어떤 스타일이 유행이던데 나도 꼭 그렇게 해야지.' 이 생각을 수없이 많은 밤마다 하며 지새운다.

그리고 나 또한 바퀴벌레 한 마리만 나와도 소리를 지르던 보통의 한국 여자와 다를 게 없었지만 이제는 바퀴벌레가 날아와 내 얼굴을 스쳐 가도 순간 움찔하지만 소리를 지르지 않게 되었다. 낮잠을 자고 일어났는데 머리 옆에 뱀이 있던 적도 있고, 테라스

좌측 - 즉석 술집이 된 교실(위/가운데) | 물 위에서 사는 돼지(아래)
우측 - 행복한 선생님들(위) | 자유로운 수업 시간(아래)

문을 열어 두면 박쥐가 집에 종종 들어오기도 한다. 그리고 쥐도
종종 발견된다. 집 안 구석구석을 락스로 청소를 하고 쥐덫으로
잡기도 하고 학교 아이들이 와서 잡아주기도 하지만 쥐가
있었는지 없었는지 잊고 사는 순간 쥐는 다시 나타난다. 쥐는
아직도 징그럽고 무섭지만 그래도 처음보다는 어느 정도 무뎌지려
노력하고, '하루 안에 이 쥐들을 박멸해야지!'라는 말도 안 되는
생각으로 쓸데없는 시간을 쏟지는 않게 되었다. 거기다 창문을
아무리 꼭꼭 닫아도 다음 날이면 창문 밑에 수북이 쌓여 있는
정체 모를 작은 벌레들. 우리 집 옆은 과일나무를 키우는 곳이라
벌레가 더 많은지도 모르겠다.

'대체 내가 이런 곳에서 어떻게 살고 있는 거지?'

청소를 하며 스스로도 너무 의문이 들었다. 곰곰이 생각하다 내린
결론은 '난 합리화를 아주 잘하는 사람이었구나'다. 캄보디아라는
나라는 정말 매력적인 곳이라고, 내가 사는 프레이뱅의 사람들은
순박하고 그들과 같이 더불어 사랑받으며 살았고, 우리 학교
아이들이 유별나게 예쁘고, 우리 학교 선생님들이 나를 많이
예뻐해 주고 우린 사랑을 전제로 그렇게 행복하게 잘 지내는
거라고, 프레이뱅은 참 조용하고 예쁜 아담한 동네라고 그렇게
굳게 믿고 지낸다. 이렇게 난 내가 있는 곳이 아주 특별하고
소중한 것이라 여긴다. 그리고 이런 마음들이 내가 좋아하는데
하지 못하는 것들, 이겨내기 힘든 것들을 조금이나마 대신해 주는

것 같다. 그렇다고 해서 나라는 사람이 캄보디아에 완벽히 맞춰 바뀐 것은 아니다. 여전히 나는 하고 싶은 많은 것들을 참고 있는 중이다. 내가 절대로 참을성이 좋은 사람이 아니라 지금 여기는 어쩔 수 없이 강제로 참을 수밖에 없는 캄보디아니까.

나는 이곳을 절실히 사랑한다. 하지만 오늘 밤에는 나의 임무를 잠시 뒤로한 채 한국에 돌아가는 상상만 하다가 잠이 들 것 같다.

아쉽지만
인정!

캄보디아에 오기 전, 벌레나 현지 음식 등 한국과는 매우 다른 생활환경에 두려움을 갖고 있었다. 하지만 한국에서 오랫동안 미술을 공부했고 쭉 미술을 가르쳐 왔기 때문에 다행히 내가 단원으로서 맡은 미술 수업 하나만큼은 자신이 있었다. 그래서 미술 수업을 하는 것은 나의 당연한 임무이지 큰 부담으로 다가오지 않았다. 이곳에서 수업보다 더 절실히 고민해야 할 것은 캄보디아에 왜 미술 교육이 필요한지 그리고 KOICA의 지원이 끊긴 후의 미술 교육의 지속 방법이다.

한국에서는 미술 재료를 구하기도 쉽고 학부모들의 지원이 넉넉하지만 우리 학교의 아이들은 하루하루 먹고사는 것도 빠듯한데 미술 교육을 위해 아이들이 미술 재료를 살 리도 없으며 어른들에게도 예체능 교육이 성장기의 아이들에게 어떤 영향을 끼치는지도 인식이 되어 있지 않다. 더군다나 프놈펜의 몇 곳을 제외하면 미술 재료를 팔지도 않기 때문에 KOICA에서 단원 파견이 중단되면 미술 교육이 지속적으로 이루어지기 힘든 환경인 것이다. 그래서 KOICA 내에서도 아이들을 직접 교육시키는 것을 떠나 캄보디아 교사 교육을 위한 다양한 프로젝트들이 생기고 있다.

나 역시 미술 교육의 지속성을 위해서는 아이들 외에 우리 학교
선생님들에게도 내가 할 수 있는 한도 내에서는 미술 교육을
해나가야겠다고 생각했다. 마침 얼마 전 임기를 마치고 한국으로
돌아가신 선배 미술 단원이 캄보디아어와 한국어로 미술 교재를
만들어 놓았기 때문에 그 책을 활용하면 내 생각대로 수월하게
착착 진행될 것 같았다. 미술에 대해 처음 접근하는 게 생소할
뿐이지 내가 조금만 학교 선생님들께 수업 방식을 알려주면
충분히 할 수 있는 거라 생각을 했다.

월요일은 6학년 a반 b반, 화요일은 5학년 a반 b반 이런 방식으로
월요일부터 금요일까지 6학년부터 2학년까지 미술 수업이
진행되었다. 내가 수업할 때는 그 반의 담임 선생님도 같이
미술실에 들어와 나를 도와주기로 되어 있었지만 아이들과
함께 미술실에 들어와서 나를 도와주는 선생님은 사실 몇 안
되었다. 딱히 선생님들의 도움이 필요하지 않은 것 같아 참여를
안 하는 선생님들께 수업 시간에 굳이 들어와서 도와 달라고
말은 안 했지만, 그래도 매번 같이 수업에 참여하고 도와주는
선생님들에게는 항상 감사함을 갖고 있다. 그리고 성실하게
임하는 몇몇 선생님들에게 아이들과 같이 미술 수업을 참여하도록
유도했다. 처음에는 대부분 선생님들이 못 하겠다며 피하고,
미술에 무척 겁을 냈지만 나의 끈질긴 요구 탓인지 점점 집중력을
발휘하며 그림을 그리기 시작했다. 그렇게 조금씩 선생님들의
미술에 대한 거부감을 덜고 점차적으로 미술 교육을 시작했고,

혼쩐티 선생님과 나

만약 KOICA에서 후임이 파견되지 않았을 경우 수업을 할 수 있을
정도로 선생님들을 이끌어 내면 모든 게 좋을 거라고 생각했다.
교사 교육의 성공이 내 눈앞에 있는 것 같았다.

회의나 병원을 가야 할 일, 재료 구입 등으로 수도 프놈펜으로
꼭 나가야 하는 날이 종종 있는데, 그런 이유로 학교를 빠지게
되는 날에는 내가 없어도 미술 수업에 차질이 안 생기게 하고
싶은 마음에 은근 슬쩍 교사 교육을 위해 그 전날 수업에 필요할
재료들을 미리 책상 위에 꺼내 놓고 선생님들에게 캄보디아어로 된
미술책을 보여 주며 아이들에게 가르치는 방법을 설명을 해주었다.
처음 부탁했을 때는 선생님들이 내가 없어도 미술 수업을 잘할 수
있을지 반신반의하며 걱정이 되었지만 이튿날 학교에 출근하면
선생님들이 훌륭하게 수업을 진행했으며, 사용했던 미술 재료도
정돈이 잘되어 있어 나는 매번 선생님들에게 부탁을 했었고
그때마다 수업 진행이 착착 잘되었다. 그렇게 미술 교육의 지속성에
대한 나의 고충이 하나씩 풀려가고 있었다. 그런데, 내가 교사
교육을 멈춘 결정적인 사건이 생겼다.

뭘 잘못 먹었는지 아침부터 배가 살살 아팠는데 학교에 가니
도저히 수업을 이끌기 힘든 상태가 되었다. 그래서 우리 학교에서
미술에 제일 관심이 많고 또한 미술을 잘하고, 나를 제일 잘
도와주는 혼짠티 선생님에게 수업 부탁을 했다. 전에 내가
자리를 비우게 되었을 때 몇몇 선생님들이 미술 수업을 아주 잘

진행해 주었었는데 혼짠티 선생님은 그중에서도 내가 제일 믿는 선생님이다. 게다가 오늘은 마침 혼짠티 선생님 반 수업이 있는 날이었기 때문에 나는 걱정 없이 수업을 맡기고 교무실에서 편히 쉴 수 있었다.

색종이로 여러 가지 모양을 접고 흰 도화지에 붙인 후 남은 공간에 이것저것 그리고 싶은 것을 그리는 비교적 쉬운 수업이었다. 나는 선생님께 전적으로 수업을 맡긴 후 교무실에 앉아 쉬고 있는데 창 너머로 미술 수업을 하고 있어야 하는 아이들이 운동장을 왔다 갔다 하는 것이 보였다. 수업 시간에 자유롭게 매점과 밖을 오가는 캄보디아의 아이들이긴 하지만 지금 이 상황은 딱 봐도 선생님이 아이들을 전혀 신경 쓰고 있지 않다는 걸 직감으로 알 수 있었다.

'으, 아파도 맘 편히 못 쉬는구나!'

교무실을 나와 미술실로 향했다. 몇몇은 집중해서 미술 수업을 하고 있었지만 대부분의 아이들이 운동장을 오가며 뛰어놀고 있었다. 기가 막히게도 혼짠티 선생님은 교실 안에 있었지만 이 모든 상황을 방치하고 있는 것이었다. 이 정도로까지 방치를 하고 있는 이유는 다름 아닌 혼짠티 선생님의 미술에 대한 열정 때문이었다. 아이들이 종이접기를 못하고 있으면 도와줘야 하는데, 자신의 작품 만들기에 너무 몰두하여 아이들을 가르치지 않고 내팽개쳐 두었던 것이다. 전에 선생님들에게 수업을 맡겼을 때

수업 진행은 잘되었어도 내가 수업했을 때에 비해 아이들 작품
수준이 현저히 떨어졌던 이유를 알게 되었다. '선생님이 어떻게
수업 시간에 학생들을 안 가르치고 저럴 수 있지?' 나는 충격을
받았다. 더군다나 내가 교사 교육을 했을 때 학교에서 최고의
기대주였던 혼짠티 선생님이, 혼짠티 선생님은 교실에 들어선 나를
발견하자마자 자신의 작품을 번쩍 들고서는 잘했냐며 물었다.
잘했다고 말하니 너무 기뻐하며 순수하게 웃는 혼짠티 선생님.
집에 돌아와서 혼자 곰곰이 생각을 했고 교사 교육은 절대 나
혼자 2년 동안 할 수 있는 일이 아니라고 결론을 내렸다. 오늘
같은 일이 있어도 내가 끝까지 노력한다면 지금보다 어느 정도
선생님들의 인식이 바뀔 수 있기야 하겠지만 노력에 비해 결과는
참으로 미비할 것이고, 내가 한국에 돌아간 후 현지 선생님들의
미술 수업이 지속되기는 현실적으로 힘들 거라고 생각했다. 이것은
내 느낌과 생각이 아닌 객관적인 사실이었다.

교사 교육에 대한 욕심을 버리는 게 쉽지는 않았지만 '차라리
그 시간을 아이들에게 쏟아붓자. 그리고 혼짠티 선생님처럼
미술에 관심이 많고 흥미를 갖고 있는 선생님들에게는 간간이
캄보디아에서는 구하기 힘든 재료들을 선물해 주기도 하고 내가
도울 수 있는 부분만 도움을 주자'라고 마음을 다잡았다.
이렇게 마음을 정한 뒤로 수업을 하고 남은 색지, 반짝이 풀,
양면색종이와 같은 재료들을 혼짠티 선생님에게 줬다. 구하기
어려운 미술 재료라고 해봤자 흰 도화지, 연필, 지우개를 뺀

전부였다. 혼짠티 선생님에게 한국에서 가져왔던 종이접기
책을 줬을 때는 자신은 어렸을 때부터 미술을 제일 좋아했는데
캄보디아에는 이런 책도 없고, 재료도 없어서 하고 싶은 것은
많지만 할 수 없었는데 이제는 할 수 있게 되어 너무 행복하다고
했다.

'그래, 교사 교육은 단념했지만 이렇게 소소한 다른 방법들로
이들에게 도움이 되는 일이 있을 거야. 이곳에 있는 동안 수업만이
아니라 내가 할 수 있는 작은 것들을 찾아보자. 그러다 보면 나도
기쁜 마음을 가질 수 있는 일들이 많을 거야.'

고마워요 1

이곳에서 지내며 좋은 것 중 하나는 다른 이들을 돕기 원하고
그런 삶을 살아가는 좋은 사람들을 많이 만난다는 것이다.
한국에서는 유명 연예인들의 선행 혹은 평생 단칸방에 살며 모은
돈을 사회에 환원하는 분같이 봉사하는 분을 거의 TV를 통해
볼 수 있었고 주위에서는 잘 만나볼 수 없었지만 캄보디아에서
내가 만난 사람들, 나와 관계를 맺은 대부분은 가난한 캄보디아를
돕기 위해 이곳에서 살아가는 사람들이다. 학생들이 봉사를 하러
방학을 이용해 단기간 캄보디아에 오기도 하고, 나처럼 KOICA를
통해 2년을 이곳에서 보내기도 하고, 자신의 삶 모두를 내려놓고
오로지 캄보디아를 위해 평생을 헌신하는 선교사님들도 있고,
그밖에 마주하고 이야기를 나눴던 외국인들도 거의 NGO이거나
봉사단원이다. 간혹 봉사를 조금 이기적으로 하거나 자신을
드러내려고, 대단한 사람이 된 것처럼 행동하는 잘못된 인식을
갖고 있는 사람들도 몇 보았으나 대부분은 참으로 좋으신
분들이다.

프레이뱅에도 선교사님이 계셨는데 매주 일요일마다 예배 후에는
나와 같이 프레이뱅에서 활동하고 있는 시니어 선생님께 맛있는

밥을 차려 주신다. 김치랑 밥만 먹어도 어찌나 맛있는지 모르겠다.
혼자 대충대충 끼니를 해결하다 일주일에 한 번 모여 함께 집
밥을 먹는 것은 참 행복한 일이다.

선교사님은 결혼 후 캄보디아에 오셔서 2년의 어학연수 후
프레이뱅에 10년째 정착하여 첫째 영진, 둘째 유진, 셋째 동진
그리고 사모님과 같이 살고 계신다. 가난한 시골 아이들을 교회에
데려가 재우고 먹이고 학교를 보내는 일을 하시는데 선교사님의
어린아이들도 군말 없이 이곳에서 사는 모습을 보면 감동을
받기도 하고, 이곳 생활에 불평불만을 늘어놓다가도 참게 된다.
내일은 선교사님 가족이 10년 동안의 생활을 잠시 접어 두고
1년의 휴식을 위하여 한국에 가시게 되었다. 사실 일요일이 아니면
만나지도 않고 따로 연락을 하거나 아주 친밀하게 지내진 않았지만
마음으로 무척 존경하고 떠올리기만 해도 든든했던 분들이
프레이뱅을 잠시지만 떠나신다는 게 많이 섭섭했다. 그러면서 나도
누군가에게 그런 좋은 사람이 될 수 있을까라는 생각도 들기도
한다. 삶 전체를 내려놓고 다른 이들을 위해 살아가는 이분들을
생각해서라도 나도 남은 기간 이곳에 온 마음을 잊지 않고
생활해야겠다는 다짐을 오랜만에 하기도 했다.

그리고 그저께 또 다른 좋은 분들이 프레이뱅을 찾았다.
우리 학교를 비롯해 캄보디아, 베트남 등에 가난한 초등학교를
도와주시고, 다른 봉사도 직접 하시는 아산시 의원 분과 뜻을

같이 하시는 분들이 오셨다. 내가 오기 전 우리 학교에 운동장을
고르게 하고 축구 골대를 설치해 주셨는데, 이번에는 직접 초중고
학생 몇몇을 데리고 와 학교 외벽 페인트칠을 해주기로 했다. 우리
학교에 오기 전에도 이미 베트남에 들러 봉사활동을 하시고 우리
학교에서 페인트칠을 3일간 하신 후 바로 캄보디아의 다른 지역에
가 상수도를 설치하신다고 했다. 한국에서 각자의 일에 이것저것
바쁠 텐데, 나이가 드신 분들이 마음이 이끄는 대로 행동하시는 게
우리 같은 젊은이들보다 어려울 텐데 꾸준히 이곳까지 와 도움이
필요한 곳을 직접 찾아 나서는 모습을 보며 '세상엔 멋진 사람들이
많다'는 것을 또 한 번 느낄 수 있었다.

총 어른 세 사람, 아이 여섯 명이 왔다. 2박 3일간의 프레이뱅
일정에 하루는 꼬박 페인트칠을 하기로 계획했으나 다행히 여러
번의 경험 덕분인지 진행이 빨랐고 학교 선생님들이 오전 수업 후
오후에 집에 안 가고 도와주셔서 빨리 끝낼 수 있었다. 같이 온
학생들도 처음엔 말도 없고 쭈뼛쭈뼛 서있더니 우리 학교 아이들이
소리를 지르며 반기니 그때부터 다들 낯가림이 사라지고 바로
웃으며 아이들과 소통했다. 그리고 내게 선생님은 밥은 어떻게
먹고 사는지, 한국에 안 가고 싶은지, KOICA가 뭔지, 이것저것
물어보기 시작했다. 캄보디아에 오기 전, KOICA를 모르는
사람들이 내게 질문했던 것들이었다. 오랜만에 이런 질문들을
받으니 나도 괜히 들떠서 이곳 생활과 KOICA에 대해 열심히
설명을 해주었다. 처음 질문을 받았던 때보다 여유롭고 전문가가

된 듯한 느낌에 기분이 좋았다. 다 같이 밥을 먹을 때 학생들이 선생님은 한국 음식도 잘 못 먹을 거라며 먼저 챙겨 주고, 집에 가기 전에 남은 고추장과 햇반, 통조림도 건네받았다. 한국에 돌아가면 이곳에서의 경험을 잊고 지낼 때가 많겠지만 자아가 형성될 청소년기에 이런 경험을 하고 간 학생들을 보며 괜히 나까지도 흐뭇했다.

봉사를 돈으로 하거나 우리와 다른 문화에 대한 이해 없이 자신의 생각만으로 도와주는 것은 이 사람들에게 자립심을 잃게 하고, 바라는 마음만 심어 주는 그릇된 이기적인 봉사활동이다. 어떠한 캄보디아인들은 도움을 받는 것에 익숙해 있고 오히려 외국인들이 무언가를 주지 않는 것에 의문을 갖는다. 도움을 받는 것이 생활의 일부처럼 익숙해져서이다. 그래서 현지 사정을 잘 모르는 사람들은 이곳에 와서 현지인들의 반응에 섭섭해하기도 한다. 나 역시도 처음엔 느꼈던 감정들이다. 예를 들어 내가 속해 있는 학교에 다른 누군가가 와서 페인트칠을 해주면 우리 같다면 발 벗고 나서 같이 칠을 한다거나 지속적으로 도움을 주면 고마워하고 그런 손님들이 올 때마다 달려 나가 반길 테지만 이곳은 다르다. 쭈뼛쭈뼛 서서 페인트칠을 하는 것을 옆에서 바라보거나 '목이 마를 것 같으니 뭐 좀 마시고 하세요' 같은 예의 있는 말도 단 한마디 안 건넨다. 몇몇 선생님들은 자신들이 속해 있는 학교지만 시큰둥하게 바라보고 자신의 할 일을 마치면 잽싸게 집에 가버리기도 한다. 처음에는 우리 학교 선생님들도 페인트 칠하는 것을 도와주지 않았다.

나중에 나한테 조심스럽게 같이 해도 되느냐고 물어봐서 합류하게
되었다. 도와주는 것에 대한 고마움을 모르기도 하고, 표현을 못
하기도 하고, 우리와 다르게 표현을 하기도 한다. 이곳에서 지내며
우리와는 다른 현지의 문화와 가치관을 알게 되었지만 한국에서
자란 나로서는 알면서도 매번 이해를 하려고 노력해야 하는
부분이다.

페인트칠을 마치고 단장이 된 학교를 바라보니 나뿐만 아니라
아산시 의원님과 친구 분들, 우리 학교 선생님, 학생들도 기분이
좋아졌다. 이번 일처럼 주는 사람도 받는 사람도 기쁘고,
과정도 수월하게 진행될 때 진정한 봉사가 아닐까라는 생각이
들었다. 한국에서 온 어린 학생들이 자신도 언젠가는 KOICA로
캄보디아를 오고 싶다 말했다.

고마워요 2

캄보디아 초등학교에는 미술을 포함한 예체능 교육이 정식으로
이루어지지 않고 있다. 우리 학교 역시 3년 전 선임 단원이 미술
수업을 시작했는데 처음에는 학교 선생님들도 와서 수업을
구경하고, 연필 잡는 법부터 시작해 재료 사용법들을 하나하나
알려주었다. 아이들은 물감을 처음 사용했을 때는 물에 색이
번지고 여러 가지 색을 섞는 것에 무척 신기해하고 좋아했다는
경험담을 들었었다. 수학, 과학 등 한국과 마찬가지로 보통의
아이들에게는 어렵고 지루한 수업만 하다가 일주일에 한 번뿐인
미술 수업인지라 아직까지도 아이들은 교실에 소리를 지르며
뛰어 들어올 정도로 무척 좋아한다. 하지만 우리와 다른 점은
수도 프놈펜 외에는 미술 재료를 살 수 있는 문구점이 하나도
없다는 점과 미술 재료를 살 만한 여유가 있는 아이들도 거의 없기
때문에 수업에 필요한 재료들은 교실 안 캐비닛에 구비해 놓고
전교생이 돌려 가며 사용해야 한다는 점이다. 필요한 재료들은
KOICA에서 나오는 활동물품비로 세 달에 한 번 내가 직접 구매를
할 수 있는데 프레이뱅에는 미술 재료가 없기 때문에 매번 수도에
나가서 사와야 하는 불편함이 따르기도 하지만 한창 발전 중인
캄보디아답게 거의 세 달마다 새로운 미술 재료가 들어온다. 예를

우리가 택배기사

들면 처음에는 색종이가 없어 색지를 오려 수업을 해야 했지만 어느 순간 색종이를 살 수 있는 곳이 생겼다. 이렇게 아이들이 처음 보는 재료로 미술 수업을 재밌게 하는 모습을 떠올리면 나는 무척 신이 난다. 그래서 부푼 마음을 안고 재료를 사러 수도에 가는 것은 내게 꼭 보물찾기를 하는 것 같다.

그러나 내가 쓸 수 있는 활동물품비에는 한계가 있으므로 200명 가까이 되는 아이들에게는 늘 부족한 부분이 많다. 아이들은 도화지보다 A4 용지에 그림을 그리는 날이 더 많고, 활동물품비가 나오기 전에 필요한 재료를 다 쓰면 이미 몽땅 크레파스도 다시 쪼개어 사용해야 하기도 한다. 그래도 아이들은 불평불만을 하지 않고 교실에 굴러다니는 사인펜 뚜껑 하나도 주워서 내게 가져다주고, 단 한 번의 작은 분실 사고도 없이 우리는 즐겁게 수업을 하고 있다.

그러던 어느 날, 한국의 친구에게서 이주 반가운 연락이 왔다. 자신이 다니고 있는 회사에서 봉사팀을 맡았는데 우리 학교 아이들에게 지원금을 사용할 수 있다는 이야기였다. 오랜만의 친구의 연락도 무척 반가웠지만, 내가 좋은 일을 한다고 이렇게 신경을 써주는 사람들이 있다는 것에 왠지 모르게 나를 되돌아보게 되기도 했다. 며칠 뒤 친구에게 다시 연락이 왔고 친구네 회사에서 내가 KOICA에서 받는 2년치 활동물품비만큼 지원해 줄 수 있다고 했고 그 돈으로 무엇을 살지는 전적으로 내가 결정하기로 했다. 무척 감사한 일인 동시에 엄청난 무게가 어깨에 실린 듯했다. 왜냐하면 아이들에게는 귀한 돈이기에 가장 좋은 것을 찾는 임무를 잘 수행해야 하기 때문이다.

처음에는 아이들이 학교에 입고 다니는 헤지고 낡은 교복을 다 사줄까 생각했다가, 각기 다른 사이즈며 옮기는 비용 등등이 복잡해져서 다른 것들을 떠올렸다. 다음으로 아이들이 가장 좋아하고 재밌어 하는 연필깎이를 생각했지만 안타깝게도 전교생을 사줄 수 있기에는 금액이 모자랐고 결국에는 미술 재료 안에서 선택을 해야 했다. 고심 끝에 색연필과 수채화 도구 세트를 아이들에게 나눠 주기로 했다. 결국 아이들에게 선물을 주는 일이기 때문에 '뭐든 좋겠구나'라는 생각이 들면서 왜 한국에서 지원을 해주고 도움을 주는지를 이해를 시키는 것이 더 중요하다고 판단했다. 무작정 '얘들아 선물이다'라 하며 주는 것은 아이들에게 외국인에 대한 괜한 기대감을 심어 줄 수도 있고 자립심을 기르는 데 안 좋을 수도 있기 때문이다. 그래서 나는 교장 선생님께 이 부분에 대해 말씀 드렸고, 한국에서 물품이 도착한 날, 교장 선생님이 나와 함께 각 반을 돌며 아이들에게 KOICA에 대해, 내가 왜 이곳에 와있는지에 대해, 한국에서 왜 아이들에게 이러한 선물을 보냈는지에 대해 열심히 설명을 해주셨다. 설명을 마치자마자 아이들은 접었다 펴는 물통을 보고 너무 예쁘다며 집에서 컵으로 써도 되는지 물어보기도 했고, 아깝다며 물감을 팔레트에 짜지 않기도 했고, 버려도 되는 포장 비닐에 물건들을

다시 고이 집어넣었다. 다음 날도 다다음 날도 아이들은 미술
수업마다 비닐을 버리지 않고 처음 받았던 그 모양 그대로 갖고
왔다.

우리 학교에 지원해 준 친구와 회사에 고마운 마음 그리고
아이들의 교육을 위해서도 아이들과 나는 도움을 준 분들께 감사
카드를 만들기로 했다. 예쁘고 거창한 카드는 못 만들어도 마음을
담아 아이들이 그림을 그리고 한글로 '감사합니다' 라고 적고
캄보디아어로는 쓰고 싶은 말을 쓰게 했다. 마지막으로 카드를 만든
아이들 사진을 붙여서 친구 회사로 소포를 보냈다. 소포를 받은
친구로부터 사원들이 감동을 받고 다음에도 또 도와주고 싶어
했다는 얘기를 들을 수 있었다. 도움을 준 곳에서도 고마워하다니
세상은 아름다운 것 같았다. 물건을 소중히 여기는 아이들을 보며
있는 동안 너희를 위해 내 시간을 쏟아부으리라 다짐하게 되었다.
내게, 우리에게 무더운 캄보디아에 따뜻한 봄날을 선사해준 내
친구에게 고마움을 선하고 싶나.

한국어 수업   ing

약 세 달 전, 한국어 수업을 시작했을 때는 어린아이들부터 동네의
나이 지긋하신 할아버지까지 동네방네 사람들이 몰려왔었다. 어떤
사람들은 꾸준히 나오기도 하고, 나왔다 안 나왔다 하기도 하고,
한 번 나오고 안 나오기도 하고. 그렇게 많은 사람들이 거쳐 간 후
이제는 네 명의 학생이 꾸준히 나온다.

쳐다피어는 고등학교 졸업을 하고 한국에 가서 일하는 게 꿈이다.
쳐다피어는 내가 가르치기 전 다른 KOICA 단원에게 한국어
수업을 받았었기 때문에 실력이 수준급이다. 쳐다피어에게 한국어
공부를 하는 동기를 물으니 어설픈 한국말로 '저는 가난하기
때문에 한국에 가서 돈을 많이 벌고 싶어요'라고 말했다. 많은
캄보디아 사람들이 한국에 가서 일하는 것을 꿈처럼 갖고 있지만
쳐다피어는 진심으로 열심히 하기 때문에 언젠가는 한국에 갈
수 있을 것 같다는 생각이 들었다. 그리고 쳐다피어같이 어린
친구들이 한국에 가서 차별대우를 받고 순수한 캄보디아 시골
소년이 살아가기엔 상처가 될 일도 많을 것 같아 염려되기도
했다. 그래서 나는 굳이 한국에 가지 않아도 이렇게 열심히 하니
프놈펜의 좋은 회사나 대학에 들어가면 더 좋을 수도 있다고

김치 만들기 수업(위) | 비빔밥 만들어 먹어요(가운데) | 한국어 수업 제자들과 함께(아래)

했다. 하지만 쳐다피어는 자신은 한국에 친구가 몇 명 있기 때문에 걱정하지 않는다고 했다. 얘기를 들어 보니 한국에 있다는 친구는 페이스북으로 알게 된 대전에 사는 어떤 초등학교 교사였다. 페이스북 친구라는 것에 더 걱정이 들었으나 쳐다피어의 확고한 신념, 그의 인생까지는 내가 어떻게 할 수 없는 부분이기 때문에, 만약 쳐다피어가 한국에 가게 되면 최대한 상처받지 않도록 한국에 존재하는 동남아인들의 차별, 캄보디아와는 다른 많은 노동 시간 등을 말해 주는 것이 내가 해줄 수 있는 일이라고 생각을 하고 객관적으로 이런저런 한국 사회의 분위기 등을 이야기해 줬다.

분랭은 쳐다피어를 따라 한국어 수업을 듣게 되었다. 분랭은 한국 가수 비스트의 광팬이다. 비스트의 노래의 가사를 적어 와 물어보기도 하고, 내 페이스북 친구들에게 친구 신청을 했는지 내가 한국에 있을 때 미술학원에서 가르쳤던 제자들과 페이스북으로 대화를 나누기도 한 것 같다. 나에게 내 제자 중 한 명의 이름을 말하며 그 친구가 나를 그리워한다고 말해 줬다. 분랭은 수업 시간에 모르는 부분이 있으면 이해되고 알 때까지 쳐다피어에게 끝까지 물어본다. 수업에 방해될 때가 많아 나한테 제일 많이 혼나기도 해서 내 눈치를 많이 보면서도 제일 선생님 대접을 해주는 친구다. 한국어 수업 후에는 같이 목사님에게 영어 수업을 듣는데 그 수업의 영어책을 우리 선생님이라며 내게 사주기도 했다. 외국인 봉사단원이라 내게 무언가를 바라거나

한국에서 왔으니 해주는 걸 당연시 여기는 사람들이 많은데
오히려 내게 선물을 해주는 행위들은 가끔 찾아오는 일상의
감동적인 순간들이다.

사런 아저씨와 부인 기네 씨는 쉰이 조금 넘은 부부다. 사런
아저씨는 학생 중 나이가 제일 많지만 무척 똑똑하고, 쳐다피어
못지않게 공부를 열심히 하기에 긴 문장을 구사하진 않지만
한국인들과 간단한 의사소통이 될 정도로 실력이 늘었다. 한국의
대부분 아버지들이 가장으로 무거운 책임감을 갖고 조금은
힘겹게 살아가는 것처럼 사런 아저씨 역시 버는 돈 대부분을
두 딸을 공부시키는 데 사용하고 정작 자신은 차도 없고, 무척
작은 나무 집에서 살지만 하루하루가 매일 행복하다 말하고,
그게 표정으로도 드러난다. 게다가 사런 아저씨는 우리 아빠와
나이가 같아서 아저씨를 보면 늘 '우리 아빠도 사런 아저씨처럼,
캄보디아인처럼 늘 행복함을 느끼며 살면 얼마나 좋을까'라고
느낀다.

우리는 사무소에서 받은 캄보디아어 설명이 있는 한국어 책을
참고하며 수업을 한다. 그런데 한 권에 한화로 약 22,000원이기
때문에 나의 학생들이 책을 사기엔 너무 비싸다. 그래서 수업 진행은
내가 수업 내용을 매일 칠판에 적고 가르치면 학생들이 각자의
노트에 써가며 수업을 해야 한다. 한국어 교육에 문외한인 내가
한국인이라는 이유로, 학생들은 책도 없이 어설픈 환경 속에서

우리는 한국어 수업을 성실히 해나가고 있다.

그리고 오늘, 지금까지의 수업을 정리하는 의미로 한국어 시험을 봤다. 처음 자음과 모음, 받침을 가르치고 인사말을 가르칠 때 학생들이 어렵다고 투덜거렸는데, 이제는 간단한 문장을 만들기도 하고 말하는 시험까지 본다는 게 감격스러울 따름이다. 평소에는 동그랗게 모여 편안하게 수업을 하다 시험이라고 말도 못 하게 하고 약간 정숙하게 분위기를 잡자 다들 당황하면서도 나름 열심히 시험문제를 풀기 시작했다. 생각보다 어려웠는지 중간중간 한숨을 쉬며 엎드리기도 하고 머리가 아프다며, 자기는 이런 건 안 배웠다며 억울해하기도 했지만 우리는 그렇게 첫 한국어 시험을 치렀다. 다음 주에 1등부터 3등까지는 까만 라면(짜파게티)과 한국 전통인형 열쇠고리를 준다고 하니 다들 상위권을 바라는 눈치다.

각자 다른 이유로 한국어를 열심히 배우는 내 제자들. 아마추어로 한국어 교육을 하고 있는 나. 이렇게 만나게 된 것도 인연이지 않은가? 다들 내가 이곳에 있는 동안 즐겁게 한국어를 배우고, 지금은 우리 모두 알 수 없지만 좋은 영향을 끼치는 순간들이 오기를 바란다.

울고 웃고

그러나
늘 써바이써바이

더위를 이기는 방법

캄보디아 날씨에 대해 얘기하자면 한 해 중 제일 더운 사오 월은
한낮 기온이 40도를 넘기도 하며 밤중에도 30도가 넘는 무더위가
지속된다. 5월의 어느 한 주는 비도 한 방울 내리지 않고 무척 더운
날씨가 이어졌었는데 일주일 내내 두통에 시달려야 했고 학교
아이들도 한 반에 대여섯 명이 아파서 못 나오기도 했다.

일 년 내내 더운 캄보디아지만 약간의 날씨 변화는 있다.
우리나라가 겨울일 때 캄보디아도 제일 시원하고 살기 좋은
날씨가 되는데 밤이 되면 25도 전후까지 내려가기도 한다. 하지만
캄보디아의 겨울이라고 불리는 이때 역시 한낮의 기온은 무조건
30도 이상이니 가히 일 년 내내 무더위가 펼쳐져 한국인에게는
적응이 쉽지 않은 곳이다. 헌데 아무리 시원해도 20도 밑으로는
내려가지 않지만 현지인들은 이 시기에 털모자, 패딩을 입고
다닌다. 하지만 신발은 여느 때와 마찬가지로 쪼리나 슬리퍼를
신고 있어 우리나라에서는 볼 수 없는 위에는 한겨울, 밑에는
한여름인 신기한 패션을 한 사람들을 볼 수 있다. 현지훈련 때
현지어를 가르쳐 주었던 튜터 선생님이 해줬던 말이 십 년 전쯤
20도 밑으로 내려갔던 적이 있는데 시골의 노인들이 동상이 걸려

많이 돌아가셨다고 해서 무척 놀라울 따름이었다.

또한 학교에 출근을 하면 아이들이 모닥불을 피워 놓고 옹기종기 모여 손을 쬐기도 하는 신기한 광경을 직접 목격할 수도 있다. 그리고 내게는 패딩이 없었기 때문인지 한국과 비교하면 무척 따뜻한 날씨지만 나는 꼭 이시기에 감기에 걸린다. 추워서 감기에 걸렸다고 하는 나를 보며 현지인들은 넌 한국에서 왔는데 한국 사람이 이 날씨에 왜 춥냐며 웃으면서 놀렸다. 이상하게 그게 좀 창피하기도 했다.

하지만 움츠러드는 추운 겨울보다 땀을 흘리더라도 햇살이 쨍쨍한 여름을 좋아하는 나였지만 365일이 여름인 이곳에서의 생활은 한국의 여름과는 다르게 삶 전체에 영향을 끼치는 엄청난 더위다. 8시에 출근하여 11시에 퇴근을 하는 나의 하루 일과를 알게 되었을 때 '하루에 세 시간밖에 일을 안 한다고?'라며 놀랐었는데 선배 단원들이 이곳에서 지내다 보면 왜 한국에 비해 일을 적게 해야 하는지 알게 될 거라 이야기를 해줬었다. 하지만 그때에는 선배 단원의 말을 전적으로 믿지만 갓 한국에서 캄보디아에 도착한 봉사의 열정을 품은 소녀였다. '나는 항상 운동을 하니까. 세 시간 일하는 걸로는 끄떡없을 거야. 남은 시간을 잘 활용해야지.' 이런 생각으로 자만했었다. 하지만 웬걸. 세 시간 수업을 하고 집에 오면 일단 소파나 땅바닥에 드러누워야 한다. 처음에는 그렇게 누웠다 다시 일어나는 시간이 짧았지만,

세상에 하나뿐인 전용 풀장

아무래도 여러 면에서 한국보다 체력이 빨리 떨어질 수밖에 없는 환경이다 보니 회복 시간은 점점 길어져 이제는 두세 시간을 누워 있게 되었다. 하지만 누워 있는 그 순간에도 땀을 계속 흘리고 있어서인지 낮잠을 자고 일어나면 몸이 더 무거울 때가 많다. 머리는 얼마나 아픈지. 제일 더운 4월과 5월이 되면 어김없이 찾아오는 두통.

집 안 가득 채우고 있는 덥고 무거운 공기에 몸이 짓눌려 있다. 단 한번도 주위를 감싸고 있는 무거운 공기를 이겨 내고 활기차게 무언가를 할 수 없는 답답함. 비싼 전기세 때문에 에어컨을 자주 켤 수도 없다. 선풍기를 켜도 몸의 체온이 내려가지 않는 이상함. 간혹 꿈에서 힘을 써야 할 때 내 맘대로 몸이 움직이지 않고 힘이 약해지는 답답함과 비슷한 상태다. 하지만 찬물로 샤워를 하고 몸의 기온이 내려가면 그때만큼은 무거운 공기에서 자유로워질 수 있다. 그래서 하루에 샤워를 네다섯 번 그 이상도 하게 되는 캄보디아.

그러던 어느 날 더위에 지쳐 있는 나를 위해 남자 친구가 내가 봐도 기특하고 대단한 생각을 해냈다. 나는 남자 친구의 지시에 따라 시장에서 8달러를 주고 큰 고무대야를 샀다. 집에 돌아오는 길에 직사각형의 얼굴만 한 얼음도 사왔다. 집에 도착한 후 소파가 있던 자리를 밀어내고 그곳에 고무대야를 놓고 물과 얼음을 채웠다. 그리고 그 안으로 곧장 들어갔다.

얼음을 띄워 놓은 물속은 사막의 오아시스보다 더한 천국이었다.
그 후로 고무대야에 들어가 앉아 컴퓨터도 하고, 밥도 먹고, 수시로
들어갔다. 에어컨을 트는 것보다도 훨씬 시원하면서 전기세를
걱정하지도 않아도 되었다. 일석 3조, 5조의 효과여서 왜 진작
생각을 못했을까 아쉬움마저 들었다. 그리고 고무대야 안에
앉아 뿌듯한 표정을 짓고 있는 모습이 스스로도 무척 재밌어서
여기저기 한국의 사람들에게 고무대야 안의 내 모습을 사진을
찍어 보내고, 나의 상황을 알렸다. 나의 우스꽝스러운 모습에
재밌어하고 신기해하는 친구들. 그 와중에 홀로 진지하게 더위를
좀 피할 수 있어 다행이라고 한숨을 놓는 남자 친구의 반응에
울컥하기도 했다. 모양새가 좀 우스꽝스러우면 어떤가. 이 더위를
이겨 내는 방법을 찾았다는 것이 너무 행복할 뿐이었다.

그 이후 '캄보디아에서 더위를 피하는 방법'은 눈부신 발전을 하게
되었다. 이제는 아예 내가 누울 수도 있는 크기의 물풀장이 우리
집 테라스에 생겼다. 낮에는 새파란 하늘의 뭉게구름과 절대 지지
않는 분홍색 꽃나무, 그리고 야자나무를 바라보며 물속에 누워 책을
읽기도 하고, 밤에는 고요함 속에 별과 달빛 아래에서 물놀이를
즐길 수도 있다. 물속에 있으니 그렇게 시끄러웠던 개들이 짖는
소리마저도 소음이 아닌 하나의 자연의 소리로 들렸다.

캄보디아의 라이프는 고무대야와 물풀장이 생긴 이전과 이후로
나뉠 정도다. 그리고 더 좋은 점은 더위를 피하기 위해 생긴 풀장
덕분에 집에 놀러 오는 아이들 역시 물놀이를 즐길 수 있게 된

것이다. 강변을 제외하고는 수영장이나 깨끗한 물에서 물놀이를 해본 적 없는 아이들에게 재밌는 놀이 하나를 제공하게 된 것이 내게는 평화로운 시골 일상의 작은 기쁨이다.

자전거
산책

일요일, 한국인 선교사님 교회에 다녀오면 낮 1시다. 한국에서
일요일 오후는 집에서 가족들과 TV를 보거나 친구들과 카페에
가거나 일주일의 피로를 각자의 방법으로 푸는 휴일이지만,
이곳에서는 매일매일이 비슷해서 오히려 일요일은 하루가 너무
길고 가끔은 지루하기도 한 날이다. 그래서 나는 아이들의 학교
밖에서의 모습, 어떤 집에서 어떻게 사는지, 무엇을 하고 지내는지
궁금하기도 해서 일요일 오후에는 자전거를 타고 내가 근무하는
학교 주위를 산책하기 시작했다.

처음에는 생각보다 더 열악한 아이들의 모습에 조금 충격을
받기까지 했다. 곧 쓰러진 것 같은 바나나 나뭇잎으로 엮어 만든
집, 닭장과 집이 한곳에 있기도 해서 아이들이 말을 안 들어서
가끔 혼내고 소리쳤던 것조차 미안해질 정도였다. 그땐 나도
이곳 캄보디아에 온 지 얼마 안 되기도 했기에 가난한 모습이
불쌍히 여겨지는 마음만 들 때였다. 하지만 이제는 이들의 환경이
개선되길 바라는 마음은 있지만 불쌍하거나 놀라지는 않게
되었다. 내가 우리 학교 대부분의 아이들처럼 나무 집에 살지는
않지만 이들과 크게 다르지 않은 생활환경 때문일 수도 있고, 내

눈과 마음이 많이 익숙해졌기 때문일 수도 있다.

제일 중요한 것은 가난할지언정 이들은 진정 행복해 보인다는 점이다. 예를 들어 며칠 전 집 근처 공원에서 맥주 회사가 3일 동안 파티를 열었다. 온 프레이뱅 사람들이 밤마다 공원에 모여 술을 마시고 춤을 추고 놀았다. 나도 한국어 수업 학생들과 하루 참석했는데 학생들과 테이블을 하나 차지하고 앉아서 치킨과 맥주를 마시고 있으니 지나가는 대부분 사람들이 한국어 수업 학생의 건너 건너 친구였고, 다 같이 거리낌 없이 이야기를 건네고 맥주를 마시며 웃고 즐기는 시간을 가졌다. 옆 테이블이나 어디서 눈만 마주치면 잔을 높이 들며 '치어스!'라고 외친다. 이들이 특별한 얘기를 하는 것은 아니지만 장난을 치고 웃고, 중간중간 계속 '지금 행복하다, 기쁘다' 이런 얘기가 주를 이룬다. '행복하다, 기쁘다, 즐겁다'란 말은 내 생각에 한국에서 평생 들을 말을 다 듣고도 남을 것 같다.

그렇게 하루를 즐기고 다음 날 너무 피곤해서 당분간 놀 생각이 사라졌다. 그런데, 한국어 수업을 가니 학생들이 오늘 저녁때 또 공원에서 만나자는 것이다. 어제 놀았는데 오늘 또 놀 수 있는지 물으니, 자기는 파티가 열리는 3일 내내 참석한다고 했다. 내가 안 힘드냐고 물어보니 사런 아저씨의 대답이 인상 깊었다. 캄보디아 사람들은 즐겁고 행복한 걸 좋아하므로 사람들과 어울리고, 춤추고 노는 거라고 말했다. 지극히 당연하고 간단명료하고 아주

선생님!

따라올 수 있어요?

아이들이 반갑게 맞아주는 가정 방문

명쾌한 대답이었다.

하지만 우리나라처럼 심한 경쟁사회에서 이렇게 살았다가는 많은 부분에서 도태되고 소외된다. 그래서 이들이 부럽기도 했다. 한국에 돌아가면 다시 우리 사회 분위기에 맞춰 살아갈 테지만 지구의 어떤 곳에서는 아직 순수한 마음을 갖고 살아가고 있다는 것을, 우리에게는 어떤 부분이 원시적으로 보이긴 하지만 우리가 잊고 살아가고 있었던 부분이 있음을, 내 한국어 학생 50살의 아저씨가 해준 이 대답을 잊지 않고 기억하고 살아야겠다는 생각이 들었다.

아무튼 이런저런 모습을 봐온 결과 난 이들이 참 행복해 보이기 때문에 이제는 마냥 불쌍하게 보이지는 않게 되었다. 항상 측은하고 불쌍한 마음이 있었다면 이곳에서 살기가 힘들었을 수도 있다.

선교사님 교회에서 맛있는 한국식 집 밥을 먹고 집에 오면 나른해져 집에 도착한 후 조금 쉬었다가 자전거를 끌고 학교 쪽으로 길을 나선다. 자전거를 타고 동네를 돌다가 정말 경치가 멋진 두 곳을 발견했다. 캄보디아의 그 어떤 곳보다 사랑하는 곳이다. 내가 지내고 있는 곳 그리고 아이들 부모님의 일터이자 아이들의 생활 터전인 곳이라 그런지 더 애착이 간다. 자전거를 타고 산책을 하다 보면 집 앞에서 괜히 나무로 땅을 긁적이는

아이, 장대 같은 것으로 친구를 괴롭히고 있는 아이, 막노동 혹은
과일을 따는 일을 하고 있는 아이, 삼삼오오 모여 마당에서 놀고
있는 아이, 몸집보다 큰 소들을 여러 마리 끌고 여물을 주러 가는
아이, 하늘 저 높이까지 연을 날리고 있는 아이를 보게 된다.
산책 중인 나를 발견하고는 자전거를 타고 몇몇 아이들은 내
뒤에 따라붙기도 한다. 가끔은 경호원들처럼 내 주위를 둘러싸고
재잘재잘 거리며 같이 자전거를 탄다. 내가 사랑하게 된 두 장소도
쓰레이뺏이라는 애가 '소피아 선생님, 저기 멋진 장소 있어요. 해가
질 때 멋있어요.' 이렇게 알려 줘서 알게 된 것이다. 여기저기서
'넥끄루(여자 선생님) 소피아 넥끄루 소피아'라고 소리를 지르며,
어떤 아이들은 학교에서 매일 보는데도 쑥스러워서 나뭇잎으로
얼굴을 가리기도 한다. 나는 자전거를 타고 이 모든 광경들이 나를
스쳐 지나가는 것이 좋다. 매우 낭만적이다.

나는 고등학교 때 초등학생들의 말도 안 되는 장난들로 가득한
《괴싸가족》이라는 일본 민화를 참 좋아했는데 내가 근무하는
우리 학교의 아이들이 《괴짜가족》에 나오는 장난꾸러기들과 무척
닮았다. 그러나 만화에서만 존재할 것 같던 상황이 현실 앞에
놓여 있는 것은 마냥 좋기만 한 건 아니다. 통제가 안 되는 아이들
때문에 수업 시간에 기분이 상하고 분노가 치민 적이 한두 번이
아니다.

그런데 일요일 오후에 산책을 하고 집에 돌아오면 여기저기에서

일하고 있던 아이들이 다시 떠올라 가슴이 찡해지기도 하고 우리나라 초등학생들과는 다른 너무나 자유로운 모습에 학교에서 아이들이 날 힘들게 했던 부분들이 이해되기도 한다. 나의 기준으로 아이들을 대했던 것이 미안하기도 하다. 그래서 산책을 다녀오면 난 또 다짐을 한다. '애들한테 잘해 줘야지, 난 오늘 이러한 걸 느꼈고 아이들이 이해되니까 혼도 안 내고 소리도 안 질러야지.' 물론 산책 후에 하게 되는 굳은 다짐들은 바로 다음 날 온데간데없어 질 때가 많다. 하지만 내가 화가 나거나 힘들어 하는 것조차 한국과는 다른 생활방식과 교육, 환경의 차이로 벌어진다는 걸 학교 밖에서 아이들의 모습에서 느꼈다. 산책은 나를 힘들게도 만드는 아이들을 결코 미워하지 않고 사랑할 수 있도록 해주었다.

할머니

안녕

두 달 전 외할머니가 대장암 말기로 투병 중이시라는 슬픈 소식을 듣게 되었다. 나는 그 얘기를 들을 때 전화기를 붙잡고 있는 손이 너무 떨려 전화기를 놓쳐 버렸다. 내게는 세상이 무너져 내린 것 같은 슬픔이었다. 하지만 전화기로 이런 나의 감정을 전하면, 한국에 있는 가족들과 할머니는 더 아파할 것 같았다. 왜냐하면 KOICA 단원은 임기 시작일로부터 1년 동안 국외휴가를 사용할 수 없고, 나는 캄보디아에 온 지 10개월밖에 되지 않았기 때문이다. 그래서 나는 할머니의 병고를 알고도 당장 한국에 달려갈 수가 없는 상황이었다.

그 이후 나는 거의 매일 할머니에게 안부 전화를 했다. 편찮으시기 전의 할머니와 나처럼 평소대로 매우 유쾌하고 즐거운 대화가 오갔다. 하지만 하루하루 달라지는 할머니의 목소리에서 나는 머지않아 찾아올 할머니와의 이별을 짐작할 수 있었다. 나는 최대한 담담하게 현실을 받아들이려 노력하다가도, 곰곰이 생각하면 할머니처럼 아름다운 사람이 왜 더 오래 살도록 도와주지 않는지, 원망할 대상이 없는 곳에 대고 원망을 했다. 그리고 할머니, 나의 할머니가 말로 표현할 수 없을 정도로 보고

No. 2011. 3. 30
Date.

사랑하는 안진선

꽃보다 더 아름다운
안진선 할머니가
많이 사랑하는 안진선
할머니는 약속을지켜
꽃병에 꽃을 꽂았어요
항상 약속을 지키며
주안에서 행복하게
할머니와 잘 지내요

안진선 작가에게
할머니가

할머니와의 교환 일기

싶었다. 할머니와 있을 때 '천국은 이런 곳이겠구나' 싶었던 따뜻한 분위기가 너무나 그리웠다. 그럴 때면 단원 활동이며 뭐며 다 포기하고 지금 당장 한국으로 가버려야겠다는 생각만 들었다. 하지만 갈 수 없었다. 할머니는 사실 내가 캄보디아에 오기 전부터 당신의 몸에 생긴 이상 증세를 느꼈고, 혹시나 내가 캄보디아에 가는 것을 포기할까 봐 혹은 가더라도 마음이 무거울까 봐 말씀을 안 하신 거라고 얼마 전 전화로 말씀해 주셨기 때문이다. 내가 선택한 길을 걸을 수 있도록 침묵으로 힘을 보태 주셨고 봉사의 뜻을 품고 이곳에 오게 된 것도 할머니의 영향이지 않은가. 그래서 나는 지금 모든 걸 내려놓고 한국으로 돌아갈 수가 없었다.

대신 나는 할머니의 마지막 시간들을 같이 못 하는 슬픔만큼 이곳을 더 사랑하기로 했다. 학교에서 그리고 오후에 있는 한국어 수업 시간에도 평소보다 더욱더 열심히 아이들을 가르쳤다. 오고 가며 나를 쳐다보는 사람들에게도 활짝 웃으며 인사를 건넸고, 집에 놀러 오는 모든 아이들을 반기고, 배고프다는 아이들에게는 밥을 차려줬다. 할머니가 보여 주신, 사람을 변화시키는 크고 따뜻한 사랑을 나는 이들에게 똑같이 나눠 주려 애썼다. 이것만이 슬픔을 이겨 내는 방법이었고 또한 할머니도 이런 나를 대견하게 생각하실 것 같았다.

그렇게 두 달여의 시간이 흐르고, 결국 할머니가 세상을 떠나셨다는 전화를 받게 되었다. KOICA의 규정에는 단원의

조부모가 돌아가셨을 때 일주일의 한국 방문과 왕복 비행기 표를
지원해 주게 되어 있다. 새벽에 소식을 듣고 당일 저녁에 바로
한국으로 갈 수 있었다. 일주일 동안 장례를 치르고 슬픈 마음을
갖고 있었지만 그리운 사람들을 만나고 먹고 싶었던 음식들도
먹고 다시 캄보디아로 돌아왔다. 한국에서는 시간도 빨리 흐르고
사람들을 만나며 정신없이 지냈지만 캄보디아에서는 오롯이 혼자
모든 걸 받아들이고 마음을 다스려야 한다. 할머니를 뵐 수 없는
슬픔은 지금 당장 이겨낼 수 없을 것이다. 어쩌면 평생 할머니가
떠오를 때면 눈물이 날 수도 있겠다. 하지만 이제는 할머니가
나를 천국에서 지켜보며 내가 무슨 생각을 하는지도 다 아실 게
분명하다. 그렇다면 나는 일단 캄보디아에서 남은 임기 동안 정말
열심히 해야 한다. 뭐든지 내가 할 수 있는 최선을 다해야 한다.
그것이 내가 할머니가 주신 사랑에 대한 보답일 것이다. 슬픔도
무뎌지고 이 다짐들이 익숙해지면 할머니의 편지들을 볼 것이다.
그리고 때 마다 다시 힘을 내어 할머니가 내게 알려 주신 모든 걸
캄보디아의 친구들에게 꼭 전해주고 싶다.

쫄츠남 1

매년 날짜는 다르지만 캄보디아의 새해 '쫄츠남'은 특이하게도 연초가 아닌 4월이다. 이때는 제일 더울 때이며 공식적인 설 연휴는 3일이지만 전후로 거의 이삼 주 동안 학교와 공공기관들이 쉰다. 우리 학교도 2주간 방학을 하지만 이미 방학 일주일 전부터 아이들이 안 나오기 시작하고 선생님들도 수업을 거의 하지 않아 실질적으로는 새해를 맞이하여 3주가량 미니 방학이 있다고 치면 된다. 한국인의 시각으로 볼 때 쉬는 날이 많고 항상 즐기며 노는 것이 먼저인 캄보디아 문화가 부럽기도 하고 이렇게 살아도 세상이 잘 돌아간다는 게 항상 신기할 따름이다.

캄보디아인들은 결혼식과 새해를 가장 중요시 여기므로 4월 초부터 온 친인척들이 자신들의 고향에 모이기 시작하는데, 덕분에 연휴 때의 프놈펜은 꼭 좀비들이 침략한 영화의 도시처럼 도시 전체가 텅텅 빈다. 대부분의 가게들이 문을 닫고 지나다니는 사람들도 거의 없다. 프놈펜에서 간혹 문을 연 가게들에는 나 같은 외국인만 잔뜩 있을 뿐이다. 원하는 식당은 갈 수 없고 배고프면 문을 연 아무 식당이나 가야 했는데 일본 식당이 문을 열어 들어갔다. 현지 종업원들은 다들 휴무여서인지 고를 수 있는 음식의 종류도 매우 적지만 이마저도 감사히 받아들여야 했다.
한 나라의 수도가 대부분 가게들이 휴업하고 지나다니는 사람도
드물고 쓰레기들만 바람에 따라 이리저리 날아다니니, 쓸쓸한
느낌까지 들어 새롭고 신기했다.

나는 새해 연휴 3일 중 첫째 날 볼일이 있어 프놈펜에 다녀왔는데
프놈펜을 오가는 란도리도 한두 대만 운행하고, 운임도 2배를
부르며 출발하는 시간도 정해져 있지 않고, 사람들이 많이 모일
때까지 기다려야 했다. 덕분에 프놈펜에서 프레이뱅에 가기
위해서는 차에서 거의 두세 시간을 꼼짝없이 기다려야 했다. 텅
빈 도시와 다르게 프레이뱅에 도착하니 정반대의 풍경이 펼쳐진다.
조용하고 할 일이 딱히 없는 곳이라 자연 속의 큰 감옥같이 느껴질
때도 있던 이 시골에 프놈펜 사람들이 다 모였는지 이곳저곳에
사람들과 오토바이가 바글바글했다. 집집마다 화려한 전등으로
마당을 꾸미고 각종 음식과 꽃으로 집 앞에 상단을 만들어 놓고
그 옆의 스피커를 통해 음악 소리가 여기저기서 크게 울려 퍼지고
있었다. 시골에서 느낄 수 없었던 흔치 않은 광경에 괜히 기분이
설레었다. 여느 때와 마찬가지로 대문을 열고 2층 우리 집으로
올라가려는데 5식구가 살던 1층 주인집에 친척들이 다 모여
있었다. 집 앞마당에서 몇 십 명의 사람들이 반갑게 맞아 주니
들떠서 평소보다 더 활짝 웃고 큰 소리로 인사를 하게 되었다.
한국의 사람들이 외롭지 않느냐고 물으면 강한 척하고 싶어서인지,
스스로 그렇게 계속 합리화시키는 건지 외롭지는 않지만 심심할

쫄츠남으로

텅 빈 거리

뿐이라며 쿨한 척 대답을 했던 나였는데, 아마 외로운 것이 맞을 수도 있겠다는 생각이 들었다. 많은 사람들이 어디 다녀왔냐고 물어보고 웃으며 반겨 주는 것에 기분이 너무 좋아졌기 때문이다. 보통 주인집에 사람이 이렇게 많지 않을 뿐더러 주인집 식구들에게는 나도 늘 보는 사람이 되어서 대충 눈인사를 하는 날이 더 많았다. 항상 혼자 일을 하고, 혼자 밥을 먹고, 혼자 프놈펜을 다녀오거나 한국에 휴가를 다녀오고, 모든 것을 항상 혼자 알아서 했다. 갑자기 몇 십 명이 반겨 주니 그게 너무너무 고마웠다. 하지만 그렇게 인사를 하고 2층에 올라오니 커다란 내 집이 더 휑하게 느껴졌다.

대학 시절 할머니와 둘이 학교 근처에서 지냈었는데 할머니는 핸드폰이 울리거나 가끔 교회 노인학교에서 가는 봄 소풍이나 가을 소풍을 너무나 기뻐하시고 수십 일 전부터 그날만을 기다리셨다. 이곳에서 지내면서 그때의 할머니 모습이 많이 떠오른다. 할머니의 그때 마음이 뭔지 알 것 같은 20대가 되어 버린 것이다. 그래서 먼저 나를 찾는 메시지 소리, 전화벨 소리에 그렇게 기분이 좋아질 수가 없는데 젊은 나이에 할머니처럼 사람들이 그리워서 이렇게 지낸다는 게 영 좋지만은 않은 일이다.

간절하게 하고 싶은 것을 하게 된 것은 큰 축복인 게 분명하지만, 솔직히 가끔은 그에 따른 희생이 조금은 가혹한 것이 아닌가라는 생각도 든다. 그중 제일 큰 희생이라 생각되는 것은 사랑하는 사람들과

너무도 멀리 떨어져 있는 것이다. 사람들과 특별한 추억이 될 만한
무언가를 하고 싶은 것보다 거의 매일이 비슷한 이곳의 하루하루지만,
오늘은 학교에서 누가 말을 안 들었고, 어떤 수업을 했으며, 자전거를
타다 바퀴에 바람이 빠져 땡볕에 자전거 수리점까지 걸어가서 너무
힘들었다고, 자고 있는데 뱀이 침대 옆에 있어서 너무 놀랐다고.
이런 일상들을 나누고 싶다. 바람이 살랑살랑 부는 저녁에 약간
힘들었던 하루 일과를 마치고 나를 잘 아는 그들과 집 앞 벤치에 앉아
시시껄렁한 이야기를 할 수만 있다면…아니, 아무 말 안 해도 좋을
것 같다. 보고 싶고 매일매일 그리운 남자 친구의 손을 잡고 있으면
지치는 이 더위도 단숨에 날아가고 얼굴에 분홍빛 웃음꽃이 필 것만
같은데.

이들에게 한 해 중 제일 큰 축제인 새해 때문에 나는 집에 덩그러니
홀로 앉아 이렇게 나의 외로움에 대해 생각을 하게 되었다.
아래층에서 그리고 밖에서는 음악 소리, 말소리, 웃음소리가 끊이지
않고 들려온다.
아, 오늘은 정말 한국이 생각나는 밤이다!

쫄츠남 2

아침부터 집집마다 친인척들이 모여 맛있는 음식을 해먹는
풍요로운 명절이다. 중요 행사가 있을 때마다 캄보디아는
트로트풍의 간드러지는 창법으로 부르는 캄보디아의 전통 음악을
큰 스피커를 연결해 있는 대로 크게 틀어 놓고 남녀노소 아이부터
어른까지 춤을 추고 즐기는데, 음악 소리를 어찌나 크게 틀어
놓는지 창문이 핸드폰 진동처럼 덜덜 떨린다.

캄보디아어로 말하고 캄보디아 사람들과 시골에서 내내 지내니
스스로 외국인이라는 걸 가끔 깜빡할 때가 있는데 오늘만큼은
캄보디아 최대 명절 속에 홀로 있으니 이곳에서 완벽한
외국인이라는 생각이 들었다. 어젯밤은 외로웠시만 자고 일이니니
오랜만에 든 이 기분도 나쁘지 않아 집 밖에서 들려오는 캄보디아
노래를 흥얼거리기도 하며 홀로 집 안에서 뒹굴뒹굴 쉬고 있었다.
그렇게 반나절을 보내고 여섯 시쯤 되었을까. 이미 약간 취기가
있는 주인집 가족들이 같이 놀자며 문을 두드렸다. 술을 마시면
용감해진다는 이야기가 있듯, 내게 뭔가를 권하거나 이야기를
먼저 건넬 때는 술 마시기 전과 후가 확연히 다른 현지인들이다.
취기가 오르자 내게 적극적으로 밑에 내려와 같이 놀자고 하는

것이다. 열린 문틈으로 집 앞마당을 슬쩍 보니 가운데 술상을
차려 놓고 가족들이 원을 그리며 다 같이 춤을 추고 있었다.
아프리카 원주민들이 가운데 모닥불을 켜놓고 빙빙 돌며 의식을
하는 것과 흡사한 모습이었다. 특별히 거부할 이유도 없고 나 역시
흥겨운 노랫소리에 이미 기분이 고조되어 있어 옷을 갈아입고
1층으로 내려가겠다고 바로 대답했다. 날 부르지 않았어도 주인집
가족에게 섭섭하거나 외로운 느낌은 들지 않았을 테지만 막상
불러주니 무척 고마웠다. 신나는 마음에 허겁지겁 단숨에 옷을
갈아입고 우리 집과 주인집을 연결하는 계단을 내려가는데
이삼십 명 가까이 되는 가족들과 아이들이 박수를 치며 반겨
주었다. 자리를 잡고 앉자마자 쉴 틈 없이 바로 맥주를 한 잔
따라 줬다. 이 와중에 외국인이라고 제일 예쁜 와인 잔에 따라
주는 주인집 식구들. 늘 웃고 있지만 말 없는 군인인 주인집
아저씨는 함박웃음을 지으며 아이들과 어울려 어설프게 춤을 추고
있었고, 막 20대가 된 아이들은 꽤 차려입고 노래에 맞춰 뽐내며
열심히 춤을 추고 있었다. 더 어린아이들은 소위 막춤을 추고
있는 흥이 넘치는 모습이었다. 아주머니들은 그 광경을 바라보며
웃고 떠들며 끊임없이 술안주를 만들어 내고 있었다. 그 틈에
바로 자연스럽게 껴들어서 나도 춤을 추기 시작했다. 캄보디아
전통 결혼식을 몇 번 다녀 봤고, 그때마다 빠지지 않고 춤을 춰서
어느 정도 춤사위를 알기 때문에 당황하지 않고 같이 전통 춤을
추며 신나게 놀았다. 달빛 아래 캄보디아에서, 현지인 가족들과
맨발로 춤을 추고 있을 거라고는 살면서 단 한번도 상상하지

쫑츠남을 맞아 춤을 추고 있는 가족들

못한 일이다. 안주가 떨어지면 바로 옆의 망고 나무에서 망고를
따다가 아주머니들이 깎아 주는 것도 아직까지 낭만적인 새로운
경험으로 느껴진다. 그렇게 거의 네 시간을 쉬지 않고 춤을 추고
같이 어울린 후 집으로 올라오자마자 피곤에 찌든 몸을 대충 물만
확 끼얹고 침대에 곧장 누워 일 초 만에 잠들었다. 다음 날, 어제
기억을 하며 '참 즐거웠다. 캄보디아 생활의 추억거리 중 하나가
되겠구나. 주인집을 참 잘 만났다.' 이런 생각을 하고 쉬고 있는데
밑에서부터 쿵쾅쿵쾅 음악 소리가 또 들려왔다. '설마 어제 그렇게
놀았는데 오늘도 파티를 하는 건 아니겠지. 잠깐 음악만 틀어 놓는
거겠지'라고 생각했지만, 이곳은 상식이라고 생각하며 살아오던
것을 한순간에 뒤집어 버리는 캄보디아. 오늘은 쫄츠남 연휴의
마지막 날이라고 더 많은 사람들을 불러서 더 크게 파티를 한다는
것이었다. 어제 즐겁게 같이 어울린 탓에 나에게도 꼭 내려오라고
한다.

어제 땀을 바가지로 흘리며 몇 시간을 놀았기 때문에 한 이틀은
푹 쉬어야 될 것 같은데 오늘은 친척들이 더 온다고 하니 나를
자랑하고 싶어 하는 주인집 가족들 마음을 생각하면 내려가서
같이 놀아야 할 것 같았다. 심심해서 입술이 항상 쭉 나오는
시골 생활에 노는 걸로 고민을 해야 될 때도 있었다. 지금은 너무
피곤하니 저녁때 컨디션이 좋아지면 내려가겠다고 얘기를 했다.
그러자 세상에서 제일 순박한 웃음으로 그럼 저녁때 꼭 내려와서
같이 놀자고 한다. '쉬고 싶은 마음이 이 웃음에 져버려 저녁이

되면 난 내려가서 같이 또 어울리겠구나'라는 느낌이 바로 내 머릿속을 스쳤다. 그리고 역시 그렇게 되었다.

어제 네 시간을 춤을 춘 덕에 노래가 나오면 그에 맞춰 저절로 스텝을 밟을 수 있었다. 피곤한 탓에 때때로는 기계적으로 몸을 움직이는 느낌도 들었다. 하지만 주인집 가족들은 어제보다도 더 신나는 모습이다. 그 모습을 바라보며 얻는 기운으로 나는 노는 걸 유지할 수 있었던 것 같다. 시간이 어떻게 흘렀는지 모르게 또 몇 시간이 흐르고 밤 12시가 거의 다 되어서야 나는 집으로 올라와 쓰러져 잘 수 있었다.

한국으로
　휴가를 다녀와서

KOICA 단원은 임기 중 1년이 지나면 3주간 국외휴가가 주어진다.
단원들은 한국으로 혹은 자신이 있는 근처의 나라를 여행하기도
하고, 생활비를 틈틈이 모아 자신이 원했던 곳으로 여행을
떠나기도 한다.

이제 이곳에 제법 적응했다고 느껴지는데도 사랑하는 사람들을
향한 그리움은 참 적응이 안 된다. 그래서 나는 주저 없이
한국행을 택했다. 수없이 꿈에 나왔던 곱창을 먹고, 시골에서 매일
떠올렸던 보고 싶은 사람들을 만나고, 긴팔을 입고도 느껴지는
추위에 캄보디아는 정말 더운 곳이라고 놀라워하기도 했다. 이
휴가를 기다리며 잠 못 이루고 기대에 차 있던 시간들에 비해,
한국에 있던 시간은 정말 야속하게 흘러갔다. 그런데 이상하게도
한국에서 시간이 흐를수록 한편으로는 캄보디아, 프레이뱅의
내 집에 돌아가고 싶다는 마음이 생겼다. 그런 마음이 든 것이
가족들과 남자 친구에게는 미안해서 내색할 수 없었고, 도대체
이토록 그리워했던 한국에서 이런 생각이 드는 나를 나도 이해가
안 되었다.

그렇게 3주의 한국 휴가를 다녀온 뒤 프놈펜에서 하루 머문
후 프레이뱅에 왔다. 카페 하나 없다고 투덜거리던 나였는데,
에어컨도 없고 집들과 사람, 가축들이 한데 어우러진 빽빽한
낡은 란도리밖에 없다고 힘들어 하는 나였는데, 반갑게 웃어
주는 란도리 기사 아저씨들과 시골의 조용하고 푸른 하늘과 꽃과
나무가 무성한 프레이뱅이 너무나 따스하게 느껴진다. 현지인들이
TV 속의 한국 사람들은 화가 나있는 것 같다며 잘 웃지 않는다고
했었던 게 생각난다. 이곳에서는 나와 눈이 마주치는 거의 모든
이들이 활짝 웃어 준다. 비록 3주지만 난 이 미소가 그리웠던 것
같다.

란도리에서 내려 2층 집에 올라가는 길에 벽을 뚫고 고추나무가
있었는데 3주 만에 길을 막을 정도로 나무가 자라 있고 고추는
주렁주렁 열려 있었다. 옆집의 바나나 나뭇잎은 우리 집
현관문까지 닿을 정도로 자라 있었다. 시원한 빗줄기와 뜨거운
태양의 과한 은혜이다. 주인집 아저씨가 당연하듯이 무거운 짐을
집까지 올려다 주었고 일단 난 테라스 문을 열고 밖을 바라볼 수
있는 소파에 앉았다. 추위에 떨다 와서 그런지, 테라스로 내리쬐는
햇빛과 야자수 나무들, 앞집 마당의 1년 내내 지지 않고 활짝
만개되어 있는 이름 모를 분홍 꽃나무, 그림 같은 파란 하늘의
뭉게구름들이 보였다. 음악 소리, 차 소리 등 어떤 소음도 없이
조용한 이곳. 평화로운 풍경을 보며 '내가 이렇게 아름다운 곳에
살고 있었구나'라고 느낄 수 있었다. 그러면서도 이 감정이 그리

오래가지 못하고 한없이 심심해하며 외로워지리라는 것도 짐작할 수 있었다. 그래도 오늘만큼은 지금 이곳의 삶이 정해진 기간이 있다는 사실이 벌써부터 아쉽기만 하다.

그리고 다음 날 3주 만에 학교에 출근을 했다. 두세 달의 긴 방학을 보냈고, 한국 휴가까지 3주 더 다녀왔으니 아이들이 이제 나를 처음처럼 반겨주지 않을 수도 있겠다고 혼자 생각하고 아이들의 그런 반응에 섭섭하지 않으려 마음을 굳게 먹고 있었지만 아이들은 물론이고 선생님들도 나를 반기며 이것저것 한국 휴가에 대해 물어보는 것이 어찌나 기쁘고 다행이던지. 또한 오랜만에 천사 같은 아이들을 보니 말을 안 듣는 아이들에게 소리를 질렀던 게 미안하게 느껴져서 소리를 지르지 말고 웃으면서 대화로 풀리라 다짐을 하기도 했다.

휴가를 다녀온 내게 아이들과 선생님들 모두 궁금해하는 것은 지금 날씨였다. 한국이 지금 얼마나 추운지 묻는 질문에 0도 밑의 영하로 떨어진 날씨라 대답하면 다들 무척 놀랬다. 왜냐하면 이곳은 제일 선선한 달의 새벽도 보통 25도 밑으로는 거의 안 떨어지기 때문이다. 나는 매일 더운 캄보디아에서 살다 한국에 가니 너무 추워서 감기에 걸렸었고, 어떤 지역은 눈도 내렸다고 말을 해줬다. 눈을 태어나서 한번도 보지 못한 아이들은 말이 끝나기 무섭게 내가 아팠다는 얘기는 들었는지 못 들었는지 다들 눈이 보고 싶다고 난리였다. 눈은 어떤 모양이고 얼마나 차가운지 먹어 봤는지 등등 재밌는 질문들이 쏟아졌다. 어떤 남자 선생님은 낮에 해가 뜨는데도 기온이 그렇게 낮을 수 있는지 혹시 겨울에는 계속 어둡냐고도 물어봤다. 나는 초등학교 선생님인데도 이런 말도 안 되는 질문을 한다는 것을 신기해하면서 '눈으로 보기엔 캄보디아나 한국이나 똑같은 햇빛이지만 날씨가 추울 뿐'이라고 설명을 해줘야 하기도 했다. 여선생님들은 천연덕스레 왜 화장품 같은 선물을 안 사왔느냐고 대놓고 물어보기도 했다. 캄보디아에 대해 몰랐던 상태라면 '어떻게 저런 뻔뻔한 질문을 할 수 있을까. 내가 부자 나라에서 와서 자꾸 뭘 달라고 하는 건가?' 하며 기분이 상했겠지만 현지인들끼리도 우리가 보기엔 뻔뻔한 질문들, 월급, 나이 같은 것들을 아무렇지도 않게 하고 또 아무렇지도 않게 대답하는 신기한 사람들이다. 나는 이들의 습성과 문화를 어느 정도 알아 버려서 이제는 정말 아무렇지도 않았다. 이들이 보기에는 그런 질문에 대답을 잘 안 하는 내가 신기할 것이다.

허나 무엇보다도 제일 놀라운 건 바로 내 기분이었다. 고작 일 년이었지만 나도 모르는 사이에 프레이뱅이, 우리 학교와 나의 그들이, 조금씩 조금씩 내 마음에 물들어 있었는지 나를 반겨 주고 휴가가 어땠는지 묻는 이들의 모습에서, 프레이뱅의 풍경에서, 나의 시골집에서, 오히려 한국보다 편안함을 느낄 수 있었다.

매일 심심하다고 투덜거리고 한국 휴가만을 기다리고 기다려 왔었는데 한국에서 캄보디아가 더 그리웠던 것 같다. 임기를

마치고 귀국하는 대부분 단원들이 2년이 참 금방 지나갔다고, 그립다고, 캄보디아에 다시 오고 싶다는 얘기를 들을 때는 썩 와닿지 않았었다. 하지만 아주 짧은 휴가로도 선배 단원들이 어떤 마음으로 한 이야기인지 조금 느낄 수 있는 것 같다. 꿈이었던 일을 하고 있어서? 현지인들의 미소 때문에? 더운 날씨? 명확한 이유는 현재로서 정의 내릴 수 없지만, 확실한 건 나는 이번 한국 휴가로 캄보디아의 삶이 소중한 것이라고 느꼈다는 것이다.

어 느 일 상 2

금요일 오전은 학교 수업이 없는 날이다. 수도로 가는 차편이
오전에만 있기 때문에 주말에 수도에 볼일이 있는 날에는 금요일
오전에 출발을 해야 한다. 그래서 애초에 금요일은 비워둔 것이다.
하지만 수도에 나가지 않는 날에는 학교에 나가 6학년 수업을 한다.
저학년 아이들은 KOICA에서 후임이 오게 되면 계속 미술 수업을
받을 수 있지만 6학년 아이들은 졸업을 하면 더 이상은 미술
교육을 받지 못하기 때문에 괜히 아쉬운 마음이 들기 때문이다.
이번 주에는 수도에 갈 일도 없고 학교도 이유는 모르겠지만
쉰다고 했기 때문에 오랜만에 집에서 늦잠을 자려고 생각하고
있었다. 캄보디아는 공휴일이 정말 많은데 가끔씩 이렇게 학교
자체적으로도 쉬는 날을 만들기도 하는 참 대단한 나라다. 동네 큰
어르신의 장례나 선생님들과 관련 결혼식이 열릴 때에도 학교는
거의 쉬는 날이나 다름없다. 언젠가 한번은 학교 바로 옆에서
결혼식을 했었는데 결혼식 음악 소리가 너무 커서 오늘은 더
이상 수업을 못 하겠다며 급하게 종례를 한 적이 있다. 물론 난
미술 수업 중이었고 쫓기듯이 수업 마무리와 뒷정리를 할 수밖에
없었다. 그래서 오늘도 알 수 없는 이유로 학교는 쉬는 날인 것이다.
거의 매일이 여유로운 나날들이지만 이곳에서도 휴일이 싫지는

않은 법. 다음 날 알람 소리를 듣지 않고 자고 싶은 만큼 실컷
잔 후 깨는 기대를 하며 전날 늦게 잠이 들었다. 그러나 아침
여덟 시 반. 아이들이 대문을 쾅쾅 두드린다. 단잠에서 깨어 문을
열어주러 계단을 내려가고 있는 이 상황이 무척 싫었다. 문을
여니 아이들 대여섯 명 정도가 있었다. 웃지 않고 막 잠에서 깬
내 몰골을 보고 자기들도 좀 미안한 건지 당황스러운 건지 기대에
가득 찬 반짝반짝 똥그랗게 뜬 눈으로 나를 쳐다보며 조심스럽게
들어가도 되느냐고 물었다. 짜증이 있는 대로 나서 도저히 웃으며
들어오라고 할 수가 없었다. 사실 어제도 아니, 이번 주는 하루도
빠지지 않고 아이들이 왔었다. 어제는 대체 어디서 만나서 약속을
하고 오는 건지 모르겠지만 20명 가까이나 왔었다. 아이들이 집에
처음 놀러 오기 시작할 때 안에 들어오면 발을 씻고, 어지럽혀
놓은 물건을 제자리에 두고 돌아가게 했었지만 잘 지켜지지는
않는다.

아이들 말은 성말이시 아주 새까맣다. 처음엔 아이들이 신발을
신지 않는 모습을 보고 '신발 살 돈이 없을 정도로 정말
가난하구나'라고 생각했었지만 시간이 지나니 그게 아니란 걸
자연스럽게 알게 되었다. 신발이 그리 비싸지도 않을 뿐더러
다들 신발 한두 개씩은 갖고 있다. 그리고 옷차림새를 말하자면
시골에서 여자들은 우리나라에선 잠옷인 옷을 입고 길을
돌아다닌다. 꽃무늬나 캐릭터가 그려진 위아래 세트인 우리가
보기엔 누가 봐도 딱 잠옷인 옷을. 그래서 한국에서 손님이

아이들과의 일상

오면 왜 사람들이 잠옷을 입고 돌아다니느냐고 꼭 물어본다.
남자들은 평소에 웃통을 벗고 있는 아저씨들을 흔히 볼 수 있다.
'구루마'라는 캄보디아 전통 무늬의 천이 있는데 밑에는 그걸
두르고 있다. 음료수를 사러 슈퍼에 가면 주인아저씨가 그런
옷차림으로 참 많이 나오곤 한다. 일을 할 때는 주로 위에는
셔츠 밑에는 양복바지 같은 것을 입는다. 우리 학교 선생님들도
마찬가지인데 어떤 선생님들은 셔츠에 구멍이 나 있기도 하고,
너무하리만치 낡아도 아무도 그것에 신경을 쓰지 않는다.

현지인들의 집을 들여다봐도 정리가 되어 있거나 포근한 느낌은
없다. 우리는 밖에서 바쁘게 일을 하고 집에 딱 들어가면 포근히
쉴 수 있는 따뜻하고 편안한 분위기를 선호하지만 이들은 바쁘게
일을 하지도 않고 더운 날씨 탓인지 집 안을 포근하고 깨끗하게
만들어 놓고 살지는 않는다. 보통 나뭇잎을 엮어 만든 집 혹은
나무 집에 사는데 그냥 안과 밖의 구별을 나뭇잎이나 나무로
내충 해 놓은 거라고 생각하면 쉽다. 내가 사는 집도 시멘트로
지은 프레이뱅에서는 좋은 축에 속한 집이긴 하지만 창, 문의
모든 마감이 허술해 그 틈으로 온갖 벌레들이 다 들어온다.
거실과 현관문을 이어 주는 계단 역시 우리나라에는 있을 수
없는 가파르고 폭이 제각각인 계단이다. 현지인들의 집 안에는
있는 살림은 TV, 매트리스 몇 개, 음식을 할 수 있는 작은 아궁이,
가방이랑 널브러진 옷들, 천장에 걸려 있는 가족사진이 거의 다다.
안과 밖의 구별이 별로 없으므로 집에 있다 친구 집을 가든지

놀 때 굳이 신발을 신고 나가지 않기도 하고, 밖에서 맨발로
뛰놀다 그대로 집에 들어와도 상관이 없기 때문에 신발을 안 신고
돌아다니기도 하는 것이다. 학교에서 미술 수업을 할 때도 자신들
교실에서 미술실까지 신발을 안 신고 오기도 한다.
그렇게 아이들의 발은 까맣다. KOICA 합숙훈련을 했을 당시
다들 좋게 말해 나보고 참 털털하다고 해줬을 정도로 깔끔함과는
거리가 먼 나로서도 까만 발로 우리 집에 들어와 온 집 안을
누비는 모습을 보는 건 영 신경이 쓰이는 부분이다. 아이들에게
침대에는 절대 못 올라가게 하는데 놀다 보면 내 말은 까맣게 잊고
침대를 밟기도 해서 어제도 침대 시트를 벗겨 빨고, 지저분해진 집
안을 치우느라 무척 애를 먹었었다.

그래서 난 인상을 쓰며 어제 너희들이 많이 놀러 왔었는데
돌아가고 나니 집 안이 엉망이 되어서 선생님이 뒷정리를 하는
게 힘들었다고 정색하며 말했다. 항상 들떠 있는 아이들이 내
말을 듣고는 풀이 약간 죽었다. 그 모습에 내가 너무 정색했나
미안해지기도 하고 자전거를 타고 온 아이들의 이마에 맺혀 있는
땀을 보니 '그래도 나를 만나러 이 더위에 땀 흘리며 왔구나'라고
생각하니 짜증이 조금 수그러들기도 해서 잠시만 들어오라고
했다. 조금 전까지만 해도 풀이 죽어 있는 모습을 하고 있었지만
말이 끝나기 무섭게 바로 소리를 지르며 계단을 뛰어 올라가는
아이들이다. 평소에도 자주 느꼈지만 아이들은 밀당의 달인 중의
달인이다. 또 내가 진 것 같은 느낌을 갖고 아이들 뒤를 따라

멋지게 점프!

터벅터벅 잠이 덜 깬 채 올라갔다. 그런데 내 눈앞에 아이들이
여기저기서 집 안 정리를 시작하고 있는 광경이 펼쳐졌다.
부엌에서는 설거지를, 그리고 빗자루로 바닥을 쓸고 누구는
걸레질을 하고, 구석구석 물건 정리까지 하는 것이었다.
아이들에게 정색했던 내 모습은 이미 온데간데없이 사랑이
가득한 눈빛으로 아이들을 흐뭇하게 바라보게 되었다. 아이들이
집 안을 깨끗하게 정리를 한 후 가방에서 수박을 꺼내 보여 줬다.
자기들끼리 돈을 모아서 내게 주려고 수박을 사온 것이었다. 며칠
전 내가 수박을 많이 먹는 모습을 보더니만 선생님은 수박을
좋아한다고 생각을 했나 보다. 없는 돈에도 나를 위해 먹을 것을
사온 아이들을 보고 나도 다른 이들에게 더 나눌 수 있는 삶을
살아야 되겠다고 저절로 다짐을 하게 되었다. 아이들은 수박을
냉장고에 넣은 후 수박이 시원해지면 같이 배를 타러 가자고 했다.

우리 학교 뒤쪽은 강이고 앞쪽은 논밭이어서 학부모들 대부분이
농부나 어부인데 내게 배를 타러 가자는 여학생의 부모님도
강에서 고기를 잡으시는지 자기에게 배가 있다는 것이다. 딱히
할 일도 없고 프레이뱅에서 배를 탈 수 있는지 궁금하기도 해서
흔쾌히 알겠다고 했다. 시원해진 수박을 갖고 아이들과 자전거를
타고 학교 바로 뒤쪽의 강변에 도착했다. 그리고 한 학생의 배에
나와 아이들이 올라탔다. 프레이뱅의 강은 우기 때는 물이 차
있고 건기 때는 물이 빠져 논밭이 되는데 지금은 물이 빠지고
있는 건기여서 강이지만 허리 정도밖에 되지 않는 높이에서 노를

저으며 아이들과 같이 배를 탔다. 남학생들은 옷을 훌렁훌렁 벗고 다이빙을 하고, 여학생들과 나는 그저 가만히 배에 앉아서 잔잔하게 일렁이는 물살을 즐겼다. 강가 뒤에 넓은 논밭에 서있는 나무 한 그루 뒤로 큰 나무들이 우거져 있고 배를 타고 있는 우리 앞으로는 강과 하늘이 닿아 있는 지평선만 보일 뿐이었다. 이렇게 어떤 소음도 들리지 않는 평화로운 곳에 있으니 아이들이 어른이 느끼기에는 힘든, 아이들만이 허락된 걱정 근심 하나 없는 순수한 시간 속에 나를 초대해 준 기분이었다.

여 행

자신이 파견된 나라를 여행하는 것은 KOICA 단원들이 누릴 수
있는 가장 큰 혜택이다. 그래서 단원들은 홀로 혹은 몇몇이 방학과
휴일, 휴가를 이용해 자신이 속해 있는 나라를 여행한다.
지금까지 한국에서 많은 손님들이 캄보디아에 방문했다. 남자
친구, 친구들 그리고 가족. 외로운 시골에서 한번씩 이곳을 찾아온
그들은 내게는 마른 가뭄 속의 단비와도 같은 존재였다.

내가 이곳에서 흔들리지 않고 지키기로 한 1순위는 당연한
것이지만 선생님들, 아이들이 한국에서는 통하지 않는 갖가지
이유로 결석과 결근이 잦은 이곳에서 성실하게 학교 수업에
임하는 것이다. 내가 사용할 수 있는 KOICA의 정식 국내휴가를
사용해도 되지만 손님이 종종 온 나는 그때마다 학교 수업을
빠질 수는 없는 노릇이었다. 그래서 한국에서 온 손님들 대부분은
프레이뱅 시골에서 나와 같이 학교에 출근을 하고 남는 시간에
여행을 다녔다. 미술을 전공한 친구와는 같이 학교에 가서 미술
수업을 하고 체육을 전공한 남자 친구가 올 때면 아이들에게
체육을 가르쳤다. 처음엔 학교 수업에 외부인을 데리고 간다는
것이 괜찮을까 싶었다. 한국에서는 있을 수 없는 일이기 때문이다.

하지만 외국인을 잘 볼 수 없는 캄보디아 시골 학교에서는
선생님과 아이들 모두 한국에서 온 손님들을 반겨 주고 좋아해
줬다. 특히 체육 수업을 할 때는 예체능 수업이 아직 보편화되어
있지 않기 때문에 선생님들이 사진을 찍어 가며 이것저것 물어보며
큰 관심을 가졌었다.

한국에서는 대개 걸음을 바삐 옮기며 서로 눈길을 주지 않지만
캄보디아에서는 길을 오가며 마주치는 사람들은 낯선 내게,
내 친구들에게 항상 세상에서 제일 순박하고 해맑은 웃음을
지어 준다. 이런 따뜻한 마음이 생기게 하는 곳은 지구상에서
캄보디아가 제일 으뜸이지 않을까 싶을 정도로 순수한 이들 덕분에
이곳을 찾은 모두가 캄보디아에 좋은 추억을 갖게 되었다. 자주
가는 식당 아주머니, 슈퍼 아저씨, 모또돕 기사들, 나와 안면이
있는 이들 모두 이제는 그들도 내가 익숙할 법한데 눈이 마주치면
변함없이 활짝 웃으며 인사를 건넨다. 외국인에게 물질적인
것을 요구하는 것이 당연하다 싶은 캄보디아에서 어떤 단원들은
현지인들에게 완전 질리기도 하고, 나 역시도 그 부분에 힘들 때가
종종 있었지만 좋은 게 좋은 거라고, 이렇게 좋은 부분만 느끼고
한국에 돌아가서도 잊지 않고 싶다.

허나 나처럼 캄보디아에서 살아가고 있는 외국인이 현지인들에게
혀를 내두르며 이해 못하는 부분이 있다. 하지만 짧게 여행을 온
손님들은 그 부분을 알 수 없기에 캄보디아를 더 좋게만 생각할 수

있는 것 같다.

예를 들어, 시내에서 뚝뚝이(시내를 오가는 현지 택시)를 이용할 때면 나는 기사들이 외국인에게는 두 배, 세 배의 요금을 부르는 것을 알기 때문에 내가 기사 아저씨들이랑 가격 흥정을 하면 갓 한국에서 온 사람들은 그 모습을 보고 다들 놀란다. 왜냐면 기사 아저씨들은 허허 웃으면서 얘기하는데 나는 정색을 하며 말을 하기도 하고 기사 아저씨들이 두세 배 더 부른 요금이 한국 물가와 비교했을 때는 현저히 적은 액수이기 때문이다. 그러나 봉사단원의 생활비가 그리 넉넉하지도 않고 나는 여행을 온 것이 아닌 캄보디아에서 살아가는 사람으로서 이곳 물가로 지내야 하고, 웃으며 말하면 한도 끝도 없이 터무니없는 가격을 물고 늘어지는 아저씨들과 흥정을 터득한 방법이 웃지 않고 단호하게 정당한 가격을 제시하는 것이었기 때문에 어쩔 수 없이 그런 모습을 손님들에게 보여 줬다. 그러나 캄보디아를 찾은 손님들이 놀라는 것을 몇 번 본 후로는 '그래, 캄보디아까지 왔는데 나처럼 현지에 사는 사람들이 아닌데 좋은 기억을 갖고 돌아가는 것이 중요하지'란 생각에 혼자 다닐 때는 용납하지 않는 외국인 바가지 가격을 지불하며 다니게 되었다. 그때마다 이 아저씨들도 가난한 사람들인데 도와준다는 마음을 갖자고 생각을 하면서도 혼자 눈 뜨고 코가 베인 기분에 속으로 부글부글 끓을 때가 몇 번이나 있었다. 이렇게 한국에서 온 손님들과 현지인 사이에서 혼자 분통을 터트리며 좌충우돌 캄보디아 여행을 다녔다.

— 씨엠립

앙코르와트를 다섯 번 가게 된 나. 하지만 단 한 번도 지겨운 느낌을 받은 적이 없다. 갈 때마다 감탄을 하는, 앙코르와트는 그런 곳이다. 이 유적의 크기도 어마어마하게 크고 그 역사에 매번 놀라게 된다. 자신의 권력을 키우고자 했던 왕이 자기가 살아 있는 몇 십 년 동안 대부분을 건축했다고 전해지는데 현대의 학자들도 몇 십 년 만에 이 건축물들이 지어질 수 있었다는 것이 미스터리라고 한다. 돌로 만들어졌지만 그 돌들 하나하나를 이어 붙이는 어떠한 접착 물질도 사용되지 않았다고 한다. 모두 칼같이 재단하여 서로의 압력에 의해 쌓아서 만든 것이다. 그리고 그 돌 하나하나에 새겨진 조각들. 그리고 천년이 넘은 나무들이 있는 숲속을 한적히 걷거나 자전거를 타고 돌아다닐 수도 있다. 거기다 새벽에 앙코르와트에서 맞이하는 일출이란! 친구와 나는 감탄사를 연발에 연발을 계속할 수밖에 없었다.

씨엠립은 이렇게 낮에는 고요하고 웅장한 유적을 돌아다니며 힐링을 할 수 있고, 밤이 되면 야시장과 시원한 마실 거리들을 파는 펍과 음식점들이 즐비한 거리에서 한껏 휘황찬란한 동남아의 밤 문화를 즐길 수 있는 곳이다. 그리고 패키지 여행을 할 때 보통 앙코르와트 근처의 똔레삽이라는 수상 가옥단지를 배를 타며 관광하는 코스가 포함되어 있는데 배 위에서 살아가는 현지인들을 구경하는 것이다. 울렁울렁 배 위에서 열악하게 살아가는

현지인들의 집 안까지 살펴볼 수 있는 그곳을 같이 간 사람들의
대부분은 마음 아파하며 말을 잇지 못하는 경우가 많았다. 나
역시도 '참 세상에 구경할 게 없어서…' 이런 생각이 드는 곳이기도
하다.

사실 동남아 여행으로 캄보디아는 다른 곳에 비해 인기가 많은
편이 아니다. 동남아라고 하면 투명한 바다, 하얀 모래사장,
북적거리는 이국적인 시장과 골목길, 전 세계 배낭 여행객들의
집결지 등등. 보통 이와 비슷한 이미지가 떠오르기 마련이지만
캄보디아는 앙코르와트를 빼면 외국에서 비행기를 타고 굳이
찾아올 정도로 관광지로서 틀을 구축해 놓지 않았기 때문이다.
앙코르와트 여행도 유적에 깊은 조예를 갖고 있지 않는 이상
대부분은 중년층의 단체관광이 주로 찾는 곳이다. 그럼에도
불구하고 캄보디아를 찾아준 사람들은 여행과 힐링의 목적을
떠나서도 나를 만나러 이곳까지 와준 것에 무척 감사하다. 그리고
오지 못한 나의 사람늘에게 받은 응원늘도 당연히 감사하다.

— 프놈펜

나는 에메랄드빛 바다보다도 어마어마한 역사를 가진
앙코르와트보다도 프레이뱅과 가까웠던 캄보디아의 수도
프놈펜을 무척이나 사랑하게 되었다. 나와 맞지 않는 시골 생활의

스트레스를 유일하게 해소할 수 있는 곳이기 때문인지 이 도시 전체가 매력적인 곳이라 느낄 만큼 애정이 커진 것이다.
이곳에서 프놈펜은 캄보디아가 아니라는 말을 하기도 한다. 그만큼 프놈펜이 발전했다는 뜻이지만 한국의 수도권 어느 도시보다도 작고 뒤떨진 곳이다. 한 나라의 수도이긴 하지만 백화점, 제대로 된 병원 하나 없고, 물론 대중교통도 찾을 수 없으며, 뚝뚝이를 타고 이삼십 분이면 끝에서 끝을 오갈 수 있는 작고 모든 시스템이 도시답지 않은 도시다.

하지만 뚝뚝이를 타고 머리를 휘날리며 펍과 카페가 줄지어진 강변을 따라 달리는 기분은 가히 최고다. 강변의 옆길로는 유럽인들과 현지인들 간혹 나 같은 아시아인들이 항상 북적거린다. 시골에서는 상상할 수 없는 에어컨 바람에 커피 한잔을 할 수 있었던 예쁜 테라스가 있는 카페들, 땀 뻘뻘 흘리며 복잡하고 더워 죽을 것 같은 시장 안에서 예쁜 옷들을 발견하는 기쁨, 피로를 풀 수 있는 값싼 마사지샵들.

그중 제일은 프놈펜 곳곳의 조용하고 분위기 좋은 수영장이 딸린 부티크 호텔들이다. 캄보디아에서 외롭고 더위로 지친 삶을 위안받을 수 있는 최고의 장소였다. 거기다 가격들은 얼마나 저렴한지. 부티크 호텔에서의 하룻밤은 한국에서 친구들과 점심 한 끼로 피자를 먹는 비용과 비슷하다. 그래도 이곳 물가에 맞춰 생활비를 받는 내게 혼자 가기엔 조금은 부담스러운 부분도

프놈펜 강변의 저녁 풍경

프놈펜의 공정 무역 카페

있지만, 나를 찾아 준 사람들과 저렴한 가격을 각자 나눠 냈기에
호텔에서의 휴식이 가능했다. 솔직히 봉사단원으로서 100% 편한
마음은 아니었다. 한국에서 이렇게 좋은 곳을 자주 다니지도
않았었고 저렴한 가격이지만 이 돈으로 우리 아이들 피자빵이라도
사줘야 할 것 같은 마음이 먼저 들기도 했다. 그러나 자신을
행복하게 만드는 것까지 힘들게 희생하고 참으며 살지는 않기로
했다. 이것은 안타깝지만 내 역량이 여기까지인 것이다. 하지만
불쌍한 이들을 위해 자신의 삶 전부를 다 바쳐 이곳에 계시는
선교사님들을 떠올릴 때면 스스로가 작아 보이기도 했다. 그럴
때면 나는 무척 평범한 사람이기 때문에 그렇게 대단한 분들과는
비교를 하지 말자고 합리화를 하기도 하지만, 분명한 것은 나는
남을 위해 헌신적인 삶을 사시는 모든 분들을 한없이 존경한다.
이렇게 가끔은 알쏭달쏭한 마음을 스스로 갖고 있으면서도 나는
이 도시를 나의 친구라 생각하며 사랑하고, 앞으로도 할 수 있는
만큼 즐길 것이다.

— 시아누크빌

캄보디아에서 유일하게 동남아 느낌의 바다를 볼 수 있는
시아누크왕의 고향. 수도에서 버스로 네다섯 시간 정도면 갈 수
있는 시아누크빌. 캄보디아에서 살아보지 않는 이상 한국에서
여행을 계획해서 놀러 오기에는 정보를 구하기도 쉽지 않은

해변이다. 해변을 따라 쭉 걸어가다 보면 말뚝 같은 것으로 일부러 구역을 나눈 것이 아니지만 암묵적으로 나 같은 외국인 관광객들이 놀러 온 해변과 현지인들이 놀고 있는 해변이 어느 지점을 중심으로 나뉘어져 있는 어디에서도 볼 수 없는 낯설고 이상한 장관이 펼쳐지는 곳. 외국인 관광객들이 많아 현지 사람들도 다른 지역에 비해 순수함이 덜하다는 느낌을 받기도 하는 관광지이다. 배를 타고 해변과 가까운 섬에 들어가면 에메랄드빛 바다가 펼쳐지고 사람이 몇 명뿐인 하얀 백사장에서 여유를 누릴 수 있는 곳.

잘 알려지지 않은 탓에 다른 여타 동남아의 어느 곳보다도 싸게 휴양지에서의 휴가를 즐길 수 있다. 게스트하우스는 우리나라 돈 만 원이 안 되는 곳도 즐비하게 있고, 에어컨이 있고 시설이 조금 더 좋은 곳은 이삼 만 원이면 충분히 구할 수 있다. 거기다 맛있는 해산물도 매우 저렴한 가격에 먹을 수 있는 장점이 있다. 하지만 서양인들이 대부분이고 밤이 되면 거의 술에 취해 길거리를 장악하고 있다. 그 느낌이 조금은 무섭게 느껴지는 나를 제외한 나와 같이 갔던 모든 사람들은 이 바다를 그리워한다. 안타깝게도 나는 이곳에 살고 있는 사람으로서 동행한 이들의 안전까지도 내 몫이라는 책임감 때문에 이들만큼 이 멋진 곳을 즐기지 못했을 수도 있다. 하지만 분명한 것은 바다를 좋아하고 새로운 여행지를 찾는 이들에게는 아직 발견되지 않은 보물과 같은 곳일 수도 있을 정도로 멋진 곳이다.

한여름 밤의   꿈

오늘은 6학년 학생인 혼이단의 꿈을 꿨다. 학교에 오는 아이들의
옷과 머리 상태 등을 보면 그래도 아이들이 어느 정도의 수준으로
살고 있는지 짐작이 간다. 나무 집에서 살고 있는지, 나뭇잎으로
만들어진 집에서 살고 있는지, 부모님이 아이들에게 얼마나 신경을
써주는지. 처음엔 안 보였지만 나중에는 가난한 우리 학교 아이들
속에서도 그런 것들을 자연스레 짐작할 수 있게 되었고, 자전거로
학교 근처를 산책할 때 아이들의 환경을 보니 그런 생각들이
많이 들어맞았었다. 가난한 아이들 중에서도 더 형편이 안 좋은
아이들은 학교에 배움을 얻으러 오는 것이 아니라 하루 중 제일
재밌게 놀 수 있는 시간쯤으로 생각하고 있는 듯했다. 학교에 올
때가 아니면 집안일이나 농사일 시장 일을 돕거나 나머지 시간에도
특별히 할 게 없는 시골이기 때문이다. 그래서 그런 아이들은 수업
진도를 잘 못 따라와도 흔히 해보지 못할 경험을 한다는 것에
의의를 두려고 생각하고 그 수준에 맞추려 한다.
혼이단은 우리 집에 놀러 오는 초창기 멤버였다. 편애하면
안 되지만 수업 시간에 보면 남들보다 항상 이해력이 빠르고
두루두루 잘하는 학생이어서 '나중에 크면 뭐가 될까' 나도
모르게 부모의 마음으로 바라보게 되는 그런 아이다. 이단이가

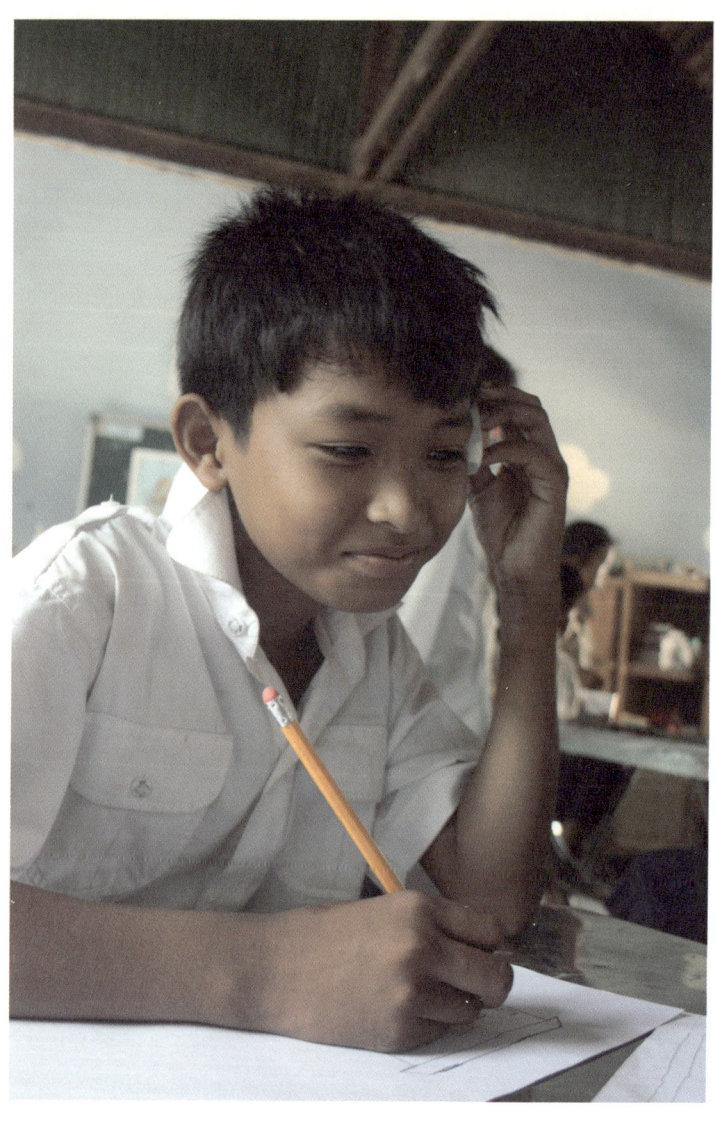

혼이단

5학년 때는 쉬는 시간마다 미술실에 와서 이것저것 내게 말을 걸고 청소를 해주고 가기도 했는데 6학년에 올라가서는 좀 컸는지 이젠 미술실에 놀러 오지도 않고 6학년 생활에 푹 빠져 있는 골목대장이 되었다.

며칠 전 학교 근처를 자전거로 산책하던 중 혼이단을 만났다. 자전거를 타고 있는 나를 본 어떤 학생이 옆집에 사는 이단이에게 한국 선생님 지나간다고 소리를 질러서 이단이가 문밖으로 얼굴을 내밀게 된 것이었다. 이단이는 항상 옷이 깔끔했기 때문에 가난하지만 그래도 나무 집 정도에는 사는 보통 수준이겠거니 했는데 바나나 나뭇잎으로 만들어진 매우 작은 집에서 살고 있는 것이었다. 나도 같이 웃으며 인사를 했지만, 조금 더 애정이 가고 나와 친한 아이가 나뭇잎 집에서 살고 있는 것을 직접 보니 순간 멍하게 되었다. 물론 우리 학교 아이들 대부분이 가난하고 이단이보다 더 힘들게 살아가는 아이들이 많지만, 이단이를 보니 마음이 쓰렸다. 옷차림이나 행색으로 판단했던 내가 어리석게 느껴졌다. 그래도 난 나름대로 아이들에게 맞춰서 좋은 영향을 주고 싶은 거였는데. 교육을 할 때는 자기의 주관적인 부분을 좀 배제하고 진정한 교육을 위해 공부를 계속해야겠다는 생각이 들기도 했다.

그리고 그날 밤, 꿈에 이단이가 나왔다. 꿈에서 난 자전거를 타고 오늘처럼 학교 근처를 산책하고 있었고 나를 본 이단이가 얼굴을 내밀어 웃으며 내게 인사를 했다. 여기까진 현실과 같았는데 꿈에서는 나뭇잎 집 뒤에 시멘트로 만들어진 커다란 2층 집이 있었다. 이단이는 큰 소리로 커다란 집을 가리키며 이 집이 우리 집이고 나뭇잎 집은 자기의 아지트 같은 곳이라고 내게 설명했다. 나는 이단이의 집이 멋진 시멘트 집이어서 다행이라고 생각했고 기분이 좋아져 꿈에서는 이단이와 웃으며 안녕했다.

어쩌면 처음부터 이런 열악한 환경에서 나고 자랐으니 큰 불편을 못 느끼고 별다른 걱정 없이 지낼 수도 있다. 하지만 아이들에게 열악한 환경들은 분명히 존재하고, 이 부분에 감정적으로 대처하기 시작하면 끝도 없을 것 같아서 어떤 부분들에는 눈을 감고 지내려 했었는데 이단이의 꿈 때문에 억지로 눈을 감았던 부분이 떠진 조금은 슬픈 날이다.

애증의
캄보디아

한국에서도 늦은 밤 홀로 귀가하는 길은 누가 쫓아오지 않나 두리번거리는 쉽지 않은 길이다. 캄보디아 역시 단원들은 해가 지고 난 후 마음 놓고 돌아다닐 수는 없다. 한국보다 강력범죄, 극악무도한 범죄들은 현저히 적지만 만일 우리에게 위험한 일이 생겼을 경우 주위에 말이 통하는 한국인이 있지도 않을 뿐더러 위험에 처한 사람들을 적극적으로 도와주려는 의식도 많이 없기 때문이다.

또한 이들에게 외국인은 돈이 많다는 인식 때문에 외국인을 대상으로 한 소매치기는 정말 비일비재하게 일어난다. 나와 같은 날짜에 캄보디아에 KOICA 단원으로 입국한 내 동기 16명 중 삼분의 일 정도 혹은 그 이상이 소매치기를 한 번 이상씩 당했으면 설명이 따로 필요 없는 문제다. 옆으로 메고 있는 가방끈을 칼로 자른 다음 낚아채 가질 않나, 통화 중 핸드폰을 확 뺏어가질 않나, 사람이 많은 북적거리는 시장에서 동기 언니의 가방 지퍼를 몰래 열고 핸드폰을 훔쳐가기도 했다. 그래서 겁이 많은 나는 애초에 손에 아무것도 갖고 다니지 않았다. 돈은 쓸 만큼만 바지 주머니에 넣어 다니거나 얇은 복대를 옷 안에 하고 다녔다. 핸드폰은 밖에

나갈 때 아예 갖고 나가지 않거나 뒤로 메는 가방이나 꼭 옆으로
메는 가방을 메고 다녔다. 그리고 가방도 혹여 될까 봐 무난하고
예쁘지 않은 것으로만 메고 다녔다. 조심한 덕분인지 다행히
소매치기를 당한 적은 없지만 매일매일 마음 한구석에 안전에 대한
긴장의 끈을 놓지 않은 채로 살아가는 것은 생각보다 꽤 피곤한
일이다.

이곳은 총기 소지도 매우 쉽고, 마약도 길거리에서 공공연하게
판다. 무법지대도 많기 때문에 순간적으로 생명의 위협을 받는
느낌은 한국과는 차원이 다르게 많이 느낄 수 있다. 프놈펜에서
외출 후 뚝뚝이를 타고 숙소로 돌아오는 길에 총을 든 두
남자가 허겁지겁 지나가길래 나는 순간적으로 의자 옆으로 몸을
웅크렸고, 시야에서 그 사람들이 없어졌는데도 무서움이 가시질
않아 계속 웅크린 자세로 목적지까지 간 경험도 있다. 한국의
가족들이 놀랄까 말하지 못했지만, 성적 범죄 대상이 된 적도
몇 번 있었다. 공항에서 혼자 뚝뚝이를 타고 숙소로 돌아가는
길에 뚝뚝이 아저씨가 인적이 드문 갓길에 세우더니 추우니 조금
쉬다가 다시 출발하자고 했었는데, 아무리 현지인이라 할지라도
춥다고 달리던 뚝뚝이를 인적이 드문 곳에 세운 것은 말도 안
되는 일이었다. 그때 공포심에 차가 오든 말든 4차선도로로
뛰어들었는데 다행히 큰 사고 없이 다른 뚝뚝이를 타고 숙소로
돌아갈 수 있었다.

수도 프놈펜에서 혼자 외출할 때는 매번 빼놓지 않고 남자들이 장난으로든 진지하게든 따라오거나 말을 걸어왔었는데 그때마다 엄청난 스트레스를 받아야 했다. 무섭고, 안전을 생각하며 극도의 긴장 상태로 지내야 했다.

그리고 프놈펜 강변은 펍이 줄지어 늘어져 있는 관광객도 많은 곳인데 이곳을 지나다닐 때면 뚝뚝이 아저씨들이 몰래 다가와 '마리화나, 마리화나'라고 속닥이거나 혹은 코로 마약을 하는 흉내를 내기도 한다. 뚝뚝이를 운행하는 사람들이 그곳에서 외국인을 대상으로 마약을 파는 것이다. 뉴스로만 접하던 마약을 코앞에 들이밀고 처음엔 어찌나 놀랬는지. 키가 크고 덩치도 큰 서양인들, 캄보디아인들이 뒤섞인 이 길거리에서 누군가는 마약을 하고 있다는 것이 매우 무서웠다. 조금 안 좋은 일도 경험이고 뭔가를 배운다고 긍정적으로 생각하려고 하는 나였지만 그렇게 생각할 수 없는 공포만으로 다가오는 것들이 많이 존재했다. 캄보디아에서 처음 두 달간은 수도 프놈펜에서 현지훈련을 받았었는데, 숙소 앞 슈퍼도 무서워서 가지 못했지만 내 삶이 이곳에 있다는 것이 당연시 여기게 될 때쯤부터는 일상생활을 영위하기 위해 더 이상 그렇게 살 수는 없었다. 그때부터는 한국처럼은 아니지만 자유롭게 거리를 돌아다녔다. 해가 지고 혼자 돌아다니는 건 안전하지 않다. 하지만 살다 보면 이런 일, 저런 일이 생기기 마련.

창가에

옹기종기

이번 주는 이질에 걸려 일주일간 병원과 유숙소 방 안에서만
지냈었다. 평일이라 수도에 와있는 단원들도 없어 대화 상대 없이
홀로 유숙소 방 안에 있으니 아픈 것보다 지루함에 몸 둘 바를
모를 지경에 이르렀다. 외출을 하고 싶어 창밖을 바라보다가 내가
지금 뭐하나 싶어 침대에 다시 누워 버리기도 하고 평소 흥미가
없던 역사책까지 읽었지만 혼자 말없이 방 안에 갇혀 있기에
일주일이란 시간은 내게 고문과 가까웠다. 많은 걸 각오했어도
봉사활동을 하러 와서 굳이 이렇게 '지루함의 끝까지 맛봐야 하는
걸까?' 싶다가 그렇게 점차적으로 자아가 붕괴되어 '나는 이곳에
왜 있을까?'라는 생각에 맞닿아 그 선을 넘을랑 말랑 하게 될
시점, 다행히 몸이 조금씩 회복이 되었다. 내가 이번에 걸린 이질은
우리나라에는 거의 없어진 가난한 나라의 병이다. 대개 비위생적인
환경의 음식물들로 균이 옮는 것이라 했다. 위장염과 비슷한
증상을 보이는데 나는 이번에 좀 심하게 앓아서 만성 다크서클이
생기고 무려 5kg이 순식간에 빠졌다. 그래서 화장실을 자주 안
가게 되더라도 기운이 없어서 외출을 할 엄두가 안 나서 바깥
활동을 못하고 방 안에서만 지냈던 것이다.

그래도 다행히 조금 회복이 돼서 오랜만에 먹고 싶은 것도 먹을
겸 밖을 나섰다. 아직 해가 지기 전이라 햄버거를 먹고 돌아와도
해지기 전에는 돌아올 수 있다는 생각에 혼자 뚝뚝이를 타고
가까운 햄버거집을 갔다. 흔한 맥도날드, 스타벅스 등 어느
나라를 가든 쉽게 접할 수 있는 곳이 단 하나도 없던 프놈펜

시내에 얼마 전 새로 생긴 버거킹 가게였다. 일주일 만의 외출. 캄보디아에서는 고급 레스토랑과도 같은 버거킹에 홀로 앉아 햄버거를 먹는 것에 너무 행복해 눈물이 나올 정도였다. 그래서 햄버거를 다 먹고서도 이 모든 것이 아쉬워 창밖으로 분주한 바깥 거리를 보며, 버거킹에 온갖 멋을 부리고 온 캄보디아 젊은이들, 나같이 혼자 온 외국인들을 구경하고 오랜만에 살아있음을 만끽하며 버거킹 창가 자리에 앉아 시간을 보냈다. 그러다 보니 어느새 밖이 어둑어둑해지고 있었다. 여느 평범한 날에도 프놈펜에 혼자 있을 땐 해가 지면 얼른 숙소에 돌아가야 안전할 것 같은 불안함이 생기기 때문에 날이 저문 것을 알아채고는 바로 자리를 나섰다. 가게를 나와 그래도 이왕 어두워진 거 버거킹이 생긴 지역은 '벙깽꽁'이라는 캄보디아에서 제일 부유한 지역으로 외국인도 많고 다른 곳보다 안전하기 때문에 아쉬운 마음에 십 분 정도라도 거닐다 돌아가는 뚝뚝이를 잡기로 했다. 걸어가는데 오토바이를 탄 남자가 내 옆을 따라오기 시작했다. 외국인, 특히 한국 여자에게 눈길이 쏟아지는 이곳에서 가끔 가던 길을 멈추고 뚫어져라 쳐다보거나 조금씩 따라오는 건 경험해 본 적이 있기 때문에 처음엔 그리 놀라지 않고, 뚝뚝이가 오면 얼른 숙소로 돌아가야겠다고 생각을 했다. 하필 오늘따라 서로 자기 뚝뚝이를 타라던 아저씨들이 한 명도 보이지 않고 나를 따라오던 남자는 아예 오토바이를 세우고 저만치서 나를 쳐다보고 있었다. 보통 한국인이냐며 말을 붙이거나 쑥스러운 듯이 웃으며 쳐다봤던 이들과는 다른 음흉하고 매서운 눈빛으로 보는 것이 아닌가? 안

그래도 심신이 미약해져 있던 나는 심장이 미친 듯이 요동을 치기
시작했다. 한순간 모든 범죄사건의 현장까지 극단적으로 상상되어
더욱 큰 공포가 찾아왔다. 일단 내 앞에 환하게 열려 있는 컴퓨터
가게 앞으로 뛰듯이 걸어갔다. 그러자 이 남자도 천천히 내가 가는
쪽으로 방향을 바꿔 쫓아왔다. 가게 안으로 들어가자 일하고
있던 현지인들이 멀뚱멀뚱 쳐다봤다. 내가 겁에 질려 있고 앞에
오토바이를 아예 멈춘 그 남자가 있는 이 상황을 보고도 이들은
나를 계속 멀뚱멀뚱 쳐다보기만 했다. 그리고 그 남자 역시 다른
사람들은 아랑곳하지 않는 듯 앞에 서서 내가 다시 나오기를
기다리는 것 같았다. 나는 일하고 있는 현지인들에게 저 남자가
나를 쫓아온다고 하였지만 외국인인 내게 어떻게 대해야 할지
모르겠다는 표정만 지을 뿐이었다. 이제는 무서운 감정뿐 아니라
짜증이 나기 시작했다. 나는 아팠고 오랜만의 외출로 기분이
간만에 상쾌했었는데 저 남자가 순간 모든 걸 망쳐놨고, 겁에 질려
있는 외국인 여자를 도와주지도 않는 이들에게 화가 났다. 컴퓨터
가게에서 안으로 더 들어갈 수도 밖으로 나갈 수도 없는 난처한
상황에 점점 짜증과 화가 머리 꼭대기까지 차오르기 시작했다.

그리고 그 화가 무서움마저 짓누른 순간 나는 가게를 박차고
나와 오토바이를 타고 쫓아온 그 남자에게로 성큼성큼 걸어갔다.
그리고 그 놈 앞에 선 후 한국말로 '왜 따라와! 저리 꺼져! 죽고
싶냐!' 내가 낼 수 있는 제일 큰 목소리로 소리를 질렀다. 극한
공포 앞에서의 마지막 발악처럼. 어쨌든 한번 뚜껑이 열리자 나는

계속해서 욕이 섞인 한국말로 소리를 지르게 되었다. 캄보디아 어느 부유한 동네에서, 홀로 누군가에게 욕설을 퍼붓고 있는 나의 모습이란. 아무튼 그 놈을 비롯해 나를 도와주지 않던 복사집의 현지인들, 그 주위에 있던 사람들은 모두 놀라서 동그랗게 뜬 눈으로 나를 쳐다봤다. 극도로 흥분해 있어서인지 그 시선들이 전혀 창피하지 않았다. 결국 그 나쁜 놈은 동그란 눈을 한 채 드디어 자기 갈 길을 갔다. 이제 나는 어두운 이 밤길도 전혀 무섭지 않았고, 사실 그 놈 그리고 나를 괴롭히고 무섭게 했던 모든 것들을 처음으로 이겼다는 생각마저 들어 스스로 아주 강한 여성이 된 것 같아 기분이 들뜨기까지 했다. 그러나 곧이어 뚝뚝이를 잡고 숙소로 돌아가는 길에는 '방금 나의 처신이 충분히 더 위험한 상황을 만들 수도 있었을 수도 있는데.' '그 자식은 나를 왜 따라왔으며 가만히 쳐다보고 있었던 걸까?' '혹시 납치하려고 했을까?' '내가 너무 과민 반응한 걸까?' 이런 여러 가지 생각이 들며 몸서리가 쳐졌다.

그런데 참으로 신기하다. 이 상황에서 얼른 캄보디아를 떠나서 한국에 가고 싶은 것이 아니라 프레이뱅의 내 집으로 가고 싶어 한다는 것이다.
이제는 미워도 사랑할 수밖에 없는 애증의 캄보디아.
떠나기 전까지 더 이상 나를 힘들게 하지 말아 다오!

기다림,

　　　　　　기다림,

　　　기다림

한국에서 태어나고 자란 한국인들이 외국에 나가 제일 불편하다고 느끼는 점은 어디를 가든 기다려야 한다는 것이 아닐까 싶다. 캄보디아뿐만 아니라 유럽 미국 등에서도 은행이나 공적인 업무 일처리가 느려서 이해하기 힘들다는 얘기는 한국에서도 많이 들어본 이야기이다. 하지만 우리나라처럼 빠르게 일처리를 하는 곳이 많이 없다고 인식하고 있지만 캄보디아는 해도 해도 너무하는 것 같다. 특히 인터넷 관련 일 때문에 분통이 터진 날이 한두 번이 아니다.

일단 내가 처음 프레이뱅에 파견되어 인터넷을 가입과 설치를 할 때였다. 그때는 학교가 방학 중이라 수업도 없고, 아는 사람도 없고, 이 시골에 갈 곳도 없고, 인터넷을 연결하는 것이 무엇보다도 내게는 급선무였다. 그래서 KOICA 선배 단원을 따라 프레이뱅에 있는 캄보디아의 제일 유명한 통신사를 찾았다. 우리나라 동네 편의점보다도 깔끔하지 못한 작은 가게에서 정말 인터넷을 설치해 줄지 의문이었지만 선배들 모두 다 이곳을 이용한다고 했다. 한 달에 24불이고 오늘 저녁때 바로 설치해 주러 온다고 했다. 생각보다 너무 쉬운 절차였다. 그렇게 인터넷 가입을 마치고

2년 내내 나를 괴롭게 한 아르티

집에서 설레는 마음으로 설치 기사를 기다렸다. 온다는 시간이
지났지만 캄보디아는 원래 약속 시간을 잘 안 지킨다 하여 30분,
한 시간을 더 기다렸다. 하지만 감감무소식이라 설치 기사에게
전화를 하니 집에 와버려서 오늘은 못 가고 내일 오겠다고 하는
것이 아닌가. 분명히 오늘 온다고 하지 않았느냐고 묻지만 집에서
밥을 먹고 있기 때문에 오늘은 안 된다고 내일 아침에 일찍 와서
설치해 주겠다는 것이었다. 나는 설치 기사의 전혀 미안함이 묻어
있지 않은 당당한 말투에 황당해서 알았다는 말밖에 못하고
전화를 끊었다. 그래도 여기까지는 '아 나도 정말 캄보디아 생활의
시작이구나, 그래 이런 게 문화 차이지'라고 긍정적으로 생각을
했다. 그리고 다음 날 아침, 약속 시간이 또 지나서 연락을 해보니
나보고 하늘을 바라보라고 했다. 지금 먹구름이 잔뜩 껴서 비가
올 것 같으니 지금은 못 간다고 어제처럼 당당하게 이야기를 했다.
비가 오고 있는 것도 아니고 올 것 같아서라니. 그래도 난 이곳에
첫발을 내딛었고 봉사를 하러 온 사람이니 화를 낼 수 없다는
생각에 그럼 오늘 오후에는 꼭 와달라고 침착한 어조로 말을 했다.
그러자 뭐가 재밌는지 전화기 너머로 허허허 웃으면서 오후에
오겠다고 했다. 오후가 되자 드디어 인터넷 설치 기사가 집에 왔다.
모뎀을 설치하고 앞에 전봇대에 올라가 이것저것을 만지며 인터넷
선을 연결했다. 전봇대까지 탔으니 이제는 인터넷이 정말 될 것
같아 기다렸던 시간들은 다 잊고 드디어 내 집에 인터넷이 된다는
기쁨에 설레고 있었다. 하지만 갑자기 내게 다가와서는 설치에
필요한 부품 하나가 지금 없어서 내일 와서 마저 설치해 준다고

말을 했다. 더 이상 화도 안 나고 기가 막히는 것도 아니었는데
나도 모르게 눈물이 방바닥에 뚝뚝 떨어졌다. 오늘 밤은 또
무엇을 하며 시간을 보내야 할까. 인터넷 설치가 안 되어 있으니
한국에 전화를 할 수도 없고, 이곳에 하소연을 할 친구도 없고,
한국의 사랑하는 사람들이 눈앞에 떠오르면서 앞으로 2년간의
생활이 이런 것들의 연속일까 싶어 막막해지고 절망스러웠다.
인터넷 설치에 필요할 부품들을 당연히 가지고 와야 하는 게
아닌가. 도저히 이해할 수 없었지만 결국 이런 것들을 받아들이며
이곳에서 혼자 살아가야 하는 것이었다. 내가 선택했으니 내가
감당을 할 수밖에.

다음 날 드디어 우여곡절 끝에 인터넷을 설치했다. 하지만 설치
후에도 어찌나 고장이 자주 나는지. 캄보디아 전역이 그렇듯
프레이뱅도 정전이 자주 되는 편인데 들은 바에 따르면 전류의
흐름이 일정하지 않아서 전자기기의 고장이 잦다는 것이다.
내가 아는 모든 단원들의 노트북은 크고 작게 한 번 이상씩은
망가졌고 이곳에서 A/S를 맡겼던 어떤 단원은 안의 부품이
빠진 채 돌려받았다고 했다. 물론 내 것도 망가져서 한국 휴가를
갔을 때 거금을 들여 고쳐 왔다. 이러한 문제들 때문인지 인터넷이
안 될 때가 종종 있는데 그때마다 처음 인터넷 설치를 했을
때처럼 기사가 집에 와서 고쳐 주기를 기다리고 기다리는 것의
연속이다. 처음과 다른 점이 딱 한 가지가 생겼는데 내가 더 이상
참지 않는다는 것이다. 어느 날엔가 인터넷이 또 고장이 나서

강을 바라보고 있는 아이

나는 직접 센터를 찾아가 몇 시에 고치러 온다는 것을 이제는 못
믿겠으니 우리 집에 확실하게 올 수 있는 시간을 알려 달라고 했다.
그렇게 나름 다른 방법을 써봤지만 5시에 온다는 기사는 6시가
되어도 오지 않았다. 그날은 내가 인터넷을 꼭 사용해야 하는
상황이었고 '직접 찾아가서 말했으니 오래 기다리게 하지 않겠지'
하는 기대감을 갖고 있어서 시간이 지날수록 점점 화가 치밀어
올랐다. 오기로 한 시간보다 몇 시간이나 훌쩍 넘어서 오더니 하는
말이 '고치려면 본사와 연락을 해봐야 하는데 지금은 다 퇴근해서
오늘은 못 고치겠다'는 것이었다. 나는 순간 도저히 참을 수 없어서
쌓이고 쌓였던 울분이 터져 테라스에 나가 소리를 지르며 엉엉
울었다. 그런 내 모습을 보고 놀란 인터넷 기사는 가만히 땅을
보고 서있더니 내일 여덟 시에 오겠다고 뒤도 안 돌아보고 황급히
집을 나갔다. 나는 더 힘이 빠졌다. 내일 여덟 시에는 학교에
출근해서 집에 없을 텐데. 만약 내일 학교 다녀와서 전화를 하면
아침에 갔었는데 집에 아무도 없었다며 또 기다리게 할 텐데.
그리고 역시나 우려는 현실화되었다.

센터에 찾아가서 혼자 씩씩거리며 화를 내보기도 하고, 어떻게
내게 이럴 수 있는지 따져보기도 하고, 난 오늘 꼭 인터넷을 해야
되는 일이 있다고, 안 하면 큰일 난다고 불쌍한 척도 했다. 하지만
내가 어떤 행동을 보이든 처음부터 끝까지 조급함이란 없고
허허허 웃고 있는 한결같은 그들에 나는 백기를 들고 두 손 두
발을 다 들었다.

그리고 오늘 역시 난 또 인터넷 기사를 기다리고 있다. 물론 30분 전에 오기로 한 기사는 오지 않고 있고 지금은 전화도 안 받는다. 나는 인터넷을 많이 하는 편도 아니지만 7시부터 온 동네가 깜깜해지고 조용해지는 이곳에서는 밤에 인터넷마저 안 되면 정말 세상과 단절된 느낌을 주기 때문에 이제는 기다림에 지치거나 화가 나기보다 인터넷 없는 오늘 밤에 어떻게 남아도는 시간을 보낼지에 대한 계획을 세우게 된다. 그래서 인터넷 기사가 늦더라도 오늘 꼭 와주면 감사한 마음이 들 것 같다. 분명 약속을 지키지 않더라도 미안한 기색 전혀 없이 허허허 웃으면서 슬금슬금 집에 들어올 테고, 이제는 나도 기다리는 시간이 억울하고 답답해서 화나기보다는 오늘 왔다는 것에 웃으면서 반겨줄 수 있을 정도로 강해졌는데. 참 많이 속았지만 오늘 꼭 와주기를 바라며 인터넷 기사를 또 하염없이 기다린다.

아파

한국에서도 그리 체력이 강하지 않았던 나는 캄보디아에서 자주
아프게 되었다. 조금 더러운 이야기를 하자면 처음 도착한 후
네 달은 계속 설사를 했다. 입에 맞지 않는 음식과 더운 날씨,
물 그리고 새로운 상황에 대한 스트레스 때문이다. 그렇게 난
KOICA 단원으로 파견되기 전 간절히 원했던 5kg 감량을 먹고
싶은 만큼 먹고 심지어 야식도 실컷 먹으면서 이뤄 냈다. 혹여
살도 많이 빠지고 면역력도 약해진 것 같아 걱정을 했으나 다행히
얼마 전에 받은 건강검진에서 특별한 이상이 발견되지 않았다.
KOICA에서는 단원들의 건강을 위해 일 년에 한 번 건강검진을
실시하고 활동기간 동안 단원들의 병원비도 지불해 준다. 하지만
이번 검사에서 콜레스테롤 수치가 작년보다 조금 높아졌다.
내가 이곳에서 꾸준히 했다 자랑할 수 있는 건 단원활동 외에는
운동뿐인데 의사 선생님이 걱정할 수치는 아니니 운동을 하라고
하셨다. 헌데 나 말고 다른 단원 몇몇도 콜레스테롤이 높이
나왔다는 걸 보니 한국에 비해 여유 시간이 많은 터라 활동량이
적은 탓인 것 같다. 물론 한국에서는 상상할 수도 없는 조미료
범벅인 캄보디아 음식도 한몫 했을 것이다. 처음에는 조미료를 한
국자 넣어서 만드는 캄보디아 요리들을 보고 경악을 했지만 계속

살다 보니 어쩔 수 없이 조미료 맛에 익숙해진 조금 슬픈 현실이다.
누군가는 부지런하게 혼자서도 음식을 잘해 먹지만 이 더위에
수업 후 녹초가 된 상태에서 요리를 하기 위해 가스레인지 앞에
서는 일은 내게는 참으로 버거운 일이 아닐 수 없다. 보통 하루에
한 끼를 먹고 나머지 끼니는 라면을 끓여 먹거나 이곳에서는 값이
싸고 당도가 높은 과일들로 밥을 대신해서 먹었다. 원치 않게
프레이뱅에서는 반채식주의자로 살아가는 것이다. 이렇게 난 유리
면역력이 되었다.

며칠 전 프놈펜에 나가 오랜만에 만난 동기와 얼마 전 생긴 한국
뷔페를 갔는데 시골에서 음식을 그리워하다 간 그곳은 천국이었다.
결국 식탐이 앞서 과식을 하게 되었고 시골 생활에 맞춰져
있던 나의 위장들도 놀라 버렸다. 그런 상황에서 프놈펜에서
프레이뱅으로 되돌아오는 교통수단인 란도리의 비위생적인 환경이
유리 면역력인 몸 상태를 더 악화시켰다. 프레이뱅에 도착하니
점점 아파졌지만 그래도 약을 잘 챙겨 먹었으니 내일은 낫겠지
하는 마음에 잠이 들고 일어나서 학교를 갔는데 이젠 물만 마셔도
화장실을 가게 될 정도로 악화되었다. 학교 화장실은 내가 쓸 수
있는 환경이 아닌 터라 수업 중에 학교 앞의 가정집 화장실을 빌려
쓰고 결국 중간에 집으로 돌아왔다. 정신없이 집에 와서 약을 챙겨
먹고 한숨 자고 일어나면 나아지길 바라면서 드러누웠지만 열이
점점 오르면서 이제는 화장실에 쉴 틈 없이 들락날락하게 되었다.
두 달 전쯤 비슷한 증상으로 프놈펜에서 입원한 적이 있었는데

그때와 비슷했다.

혼자 감당할 수준을 넘어서서 같은 지역에 있는 간호 단원에게 도움을 요청하니 한걸음에 링거를 사들고 우리 집으로 와주었다. 하지만 한국과는 다른 주사 바늘 모양 때문에 바늘이 잘 들어가지도 않고 혈관이 터져 결국 한 번도 가보지 않은 프레이뱅 병원으로 향했다. 이미 열이 39도까지 올랐고 나아질 기미도 보이지 않았다. 게다가 저녁 시간에 프놈펜에 가는 차편도 없고 택시를 빌려 가자니 위험할 것도 같고 프놈펜에 가는 두세 시간 동안 몸이 더 힘들어질 것 같아 프레이뱅 병원에 갈 수밖에 없는 상황이었다. 처음 프레이뱅에 왔을 때는 이곳에 병원이 있으리라고는 상상도 못했었다. 한국에 비해 너무나 열악한 시설들은 물론, 외관상 병원이라 생각이 안 되는 모습을 하고 있기 때문이다. 그래서 KOICA 단원들은 몸이 아프면 수도의 큰 병원으로 가서 치료를 받을 수밖에 없다. 하지만 캄보디아의 수도에 있는 제일 최신식 병원에서도 모든 것을 치료해 줄 수 없어 가끔 다른 단원들은 태국이나 한국으로 후송되어 치료를 받을 수밖에 없는 실정이다.

집을 나선 간호 단원과 나는 그나마 프레이뱅에서 제일 큰 병원을 향했다. 현지인 몇몇이 제2차세계대전 때의 치료실 같은 비위생적인 침대 위에 누워 링거를 맞고 있어서 더 아파질 것 같아 병원을 다시 나가고 싶었지만 열이 너무 높은 탓에 울며 겨자 먹기로 간호사에게 링거를 놔달라고 했다. 간호사가 지금 의사 선생님이 공원에서 운동 중이니 조금만 기다리라고 했다. 우리가 언제쯤 오는지 다시 물으니 "아이러우(지금, 곧)"라고 했다. 그 말을 듣고 우린 당장 다른 병원을 가기 위해 나왔다. 기다려야 되는 일이 태반인 이곳에서 "이 차 몇 시에 프레이뱅으로 출발하니?" "음식 언제 나오니?" 등을 물으면 캄보디아인들은 항상 '아이러우'라고 답하는데 절대 신뢰 할 수 없는 말이다. '아이러우'라는 대답을 계속 들으며 두세 시간을 땀을 흘리며 그 자리에서 기다려야 한 적도 있었다.

이번에 찾아간 병원에는 다행히 의사 선생님이 계셨다. 낯익은 곳이다 싶어서 보니 내가 자주 가는 사진관이었다. 사진관과 병원을 같이 운영하는 신기한 곳이다. 그때 난 이미 병원을 돌아다니느라 지칠 대로 지치고 하루 종일 아플 대로 아픈 상태에다가 약을 처방받아 먹기는 좀 무섭기도 해서 한시라도 빨리 링거를 맞고 싶었다. 하지만 의사 선생님은 역시나 너무 여유로웠다. 프레이뱅에 산 지는 얼마나 되었는지 우리 말고 또 한국 사람이 있는지 등등 내가 앞에서 끙끙대는데도 계속 물어보셨다. 내가 많이 아프니 링거를 놔달라고 하자 의사 선생님은 내가 초등학교 저학년 때 보았던 수은온도계를 건네며 겨드랑이에 끼고 있으면 삼사 분 있다 뺄 거라고 했다. 그러더니 우리만 남겨 두고 갑자기 밖에 나갔다. 너무나 불안했다. 어디를 간 건지 언제 돌아올지 모르기 때문이다. 그래서 진료실 밖으로 따라나가 보니 다행히 어디를 간 것이 아니라 주차를 하고 있었다.

진료 중 주차를 하고 돌아온 의사 선생님이 온도계가 39도인 것을
보고 놀리더니 약을 처방해 주신다고 했다. 우린 또다시 약이
아니라 링거를 놔달라고 했다. 하지만 자꾸 약을 준다는 것이다.
왜 링거를 안 놓아 주냐고 물으니 시간이 늦었기 때문에 괜찮으면
자기가 밥을 먹고 와서 링거를 놔줘도 되는지 물었다. 우리는 걱정
말고 링거만 놔주면 집에 가서 맞을 거라고 놔주기만 해달라고
부탁했다. 그제야 링거를 놔준다고 했다. 나는 드디어 링거를
맞기 위해 시트 색이 바라고 핏자국처럼 보이는 붉은 자국이
군데군데 보이는 찝찝한 침대에 누웠다. 하지만 의사 선생님은 또
밖으로 나가는 것 아닌가. 링거를 가지러 간 줄 알았지만 병원에
온 손님들에게 약을 팔고 있었다. 아프기도 아팠고 우리는 이런
상황들을 많이 겪은 터라 둘이 연신 "정말 못 말린다. 그치?" 이런
얘기를 주고받으며 하도 어이가 없어서 아픈 상황에서 웃음까지
났다. 그렇게 우여곡절 끝에 겨우 링거를 맞았다.

다행히 몸은 차치 호전되어 하루 쉰 후 그다음 날 학교에 출근할 수
있었다. 더 다행인 것은 그 순간에는 화도 나고 힘들기도 하지만,
시간이 지나면 이런 모든 것들이 내게는 아직도 재밌는 경험으로
받아들여진다. 나를 힘들게 했던 사람들도 많이 밉지가 않다.
나를 힘들게 해도 항상 순박한 웃음을 보여줘서일까? 아니면
내가 프레이뱅을 사랑하게 돼서일까? 현지인들과 캄보디아의
문화를 어느 정도 이해하게 돼서일까? 무슨 이유든지 이제 나는
캄보디아의 모든 것들에 많이 흡수되어 버린 것 같다.

어꾼쯔란(감사합니다)

나의
김미숙 아줌마

전날 우여곡절 끝에 링거 투혼을 하며 열은 어느 정도 내렸지만
먹지도 못하고 아픈 것이 다 낫지 않았기 때문에 학교를 갈 수
있는 상황은 아니었다. 평소에는 학교에 갈 때 자전거를 타고
다녔지만 얼마 전부터는 내게 한국어 수업을 받던 나와 나이가
같은 철수의 오토바이를 타고 다녔었다. '철수'라는 이름은 이
친구에게 내가 지어준 한국어 이름이다.

철수는 한국어 수업을 하루도 빠지지 않고 열심히 받다가 어느
순간부터 나오지 않았는데 우연히 시장에서 만나 물어보니 틈틈이
모또돕(오토바이 택시) 운행을 하고 농사일을 하는데 일이 바빠져
나오지 못했다고 했다. 현시인들의 그런 말을 믿지 못했지만
철수는 내가 만난 캄보디아 사람 중 제일 착한 사람이라 그 말을
들으니 마음이 좀 불편해졌다. 그래서 조금이라도 도움이 되고자
일부러 학교를 오고갈 때 이 친구의 오토바이를 왕복으로 한국 돈
천 원 정도를 내고 다녔다. 철수가 학교를 가는 날에는 7시 50분이
되면 우리 집 앞으로 나를 데리러 오기 때문에 전화를 걸어
오늘은 아파서 학교에 못 갈 것 같다고 집 앞에 오지 말라고 했다.
전화를 끊고 다시 누워 쉬려는 찰나 캄보디아 친구 사라에게

전화가 왔다. 아침에 웬일인가 싶어 받았더니 대뜸 몸은
괜찮으냐고 묻는 것이었다. 사라는 우연히 프레이뱅에서 알게 되어
내가 한국어 수업을 시작하게 된 계기도 만들어 주고 내가 한국어
수업을 하는 현지인 교회의 교인이기도 하다. 철수 역시 이 교회의
교인인지라 사라와 잘 아는 사이인데 내가 걱정이 되었는지 사라와
내가 친한 것을 알고 프놈펜에 있는 사라에게 내가 아프다고
전화를 한 것이었다. 나를 걱정해 줬다는 것에 기분이 좋아져
웃으며 괜찮다고 어제 좀 많이 아팠는데 지금은 많이 나아지고
있다고 사라에게 말했다. 사라 역시 웃으면서 그럼 알겠으니
집에서 잘 쉬라고 그렇게 전화를 끊었다. 그후 한 시간쯤 흘렀을까
대문을 두드리는 소리가 들려서 내려가 보니 사라의 언니와
김미숙 아줌마가 집 앞에 와있었다. 김미숙 아줌마도 한국어 수업
기초반에서 내게 수업을 받던 현지인인데 너무 친근한 느낌에
내가 김미숙이라는 한국어 이름을 지어준 캄보디아인이다. 김미숙
아줌마 역시도 사라와 철수와 같은 교회의 교인이자 프레이뱅의
사라네 앞집에 사는데, 사라가 내가 아프다는 것을 자기 언니와
김미숙 아줌마한테 알린 것이었다. 그리고 이 둘은 기어코
집에까지 찾아온 것이다.

어제 링거를 맞아서 좋아지고 있다고 괜찮다고 말했지만 내
말에는 그저 웃음으로만 대꾸하며 자연스럽게 집 안으로
들어왔다. 사라 언니는 나보다 5살이 어리지만 3살 난 아들도
있었는데 그 어린아이까지 같이 집 안으로 왔다. 갑자기 들이닥친

김미숙 아줌마와 벙사라(위) | 김미숙 아줌마가 일하는 프레이뱅고아원 방문(아래)

손님들은 걱정 가득한 얼굴로 내 안부를 묻기도 전에, 빗자루를 하나씩 들고 집 안을 구석구석 청소하기 시작했다. 김미숙 아줌마는 이미 전에도 한번 우리 집에 놀러 왔을 때 대청소를 해주고 간 이력이 있다. 한국어 수업을 공짜로 해주는 것이 고맙고, 내가 혼자 지내는 게 안됐다며 나를 도와주고 싶다며 청소를 해줬던 따뜻한 마음을 갖고 있는 김미숙 아줌마.
오늘도 역시 그 따뜻한 마음을 갖고 집에 찾아와 청소를 해주는 것이다. 캄보디아인, 한국인이라는 장벽은 굳이 서로의 마음을 말로 표현하지 않아도 이런 따뜻한 마음 하나로 제일 손쉽게 무너질 수 있다는 것을 또 한 번 느꼈다. 나를 사랑으로 대하던 외할머니, 가족들 그런 나의 사람들과 다를 게 하나도 없지 않은가!

청소를 마치고 냉장고를 뒤지더니 쌀을 사와 죽을 끓이기 시작했다. 한국처럼 이곳에서도 아플 때는 죽을 먹는 모양이다. 쌀값이 크게 비싸지는 않지만 김미숙 아줌마와 사라의 형편을 잘 아는 나에게 이것은 내가 아는 감사의 표현을 총동원해도 말로 다 표현할 수 없는 일로 느껴졌다. 사라의 집은 짓다 만 작은 공장 같은 건물에 살고 있고 김미숙 아줌마는 캄보디아 우리 집 거실보다도 작은 나무 집에서 생활을 하고 있다. 그런데 그런 현지인들이 오히려 봉사하러 이곳에 온 내게 쌀을 사주고 도움을 줬을 때 받은 이 느낌은 살면서 일어나는 어느 하루의 감동적인 일이 아닌 두고두고 내 속에 뿌리를 내리고 자라날 좋은 마음을 심어주는 너무나 소중한 일이라는 생각이 들었다. 그렇게 죽까지 먹고 사라 언니와 아들, 김미숙 아줌마와 선풍기 앞에서 수다를 떨며 우리는 하하호호 웃었다. 이런 보살핌을 받으니 덕분에 난 더 이상 아파도 아픈 게 아니었다.

얼마 전 사람이 제일 행복한 감정을 느낄 때는 다른 사람을 도울 때라는 연구 발표가 나왔다는 기사를 봤었는데 나 같은 평범한 사람들이 매번 테레사 수녀처럼 살 수는 없겠지만, 그래도 할 수 있는 한 행복을 나누고, 나보다 어려운 누군가를 도우려는 마음을 한편에 갖고 있는 것만으로도 그 마음이 다른 이들에게 좋게 전달되어 꼭 말로 표현하지 않더라도 다시 내게로 돌아오기 때문이 아닐까라는 생각이 들었다.

많은 시간을 같이 보내지 않아도, 대화를 많이 나누지 않아도 마음이 통하는 사람과는 서로에 대한 믿음과 사랑이 저절로 생기는 듯하다. 내게 그것을 일깨워 준 김미숙 아줌마. 꼭 필요한 순간 거짓말처럼 내 옆에 있어준 사랑하는 김미숙 아줌마. 나는 이제 아줌마에 대한 것은 다 궁금하다. 그래서 무슨 일을 하는지 몇 번 물어봤지만 돌아오는 대답은 내가 알아듣기 힘든 캄보디아어였다. 그렇게 여러 차례 흘려듣다가 아줌마가 일하는 곳이 프레이뱅의 고아원이라는 것을 드디어 알게 되었고 나는 바로 찾아갔다. 약속한 시간에 맞춰 간 예쁜 노란 담장에 둘러싸인 그곳은 역시 예상대로 시설은 열악했지만 건물 곳곳이 참 아늑하고 따뜻한 느낌이 드는 곳이었다.

김미숙 아줌마의 사랑과 보호를 받으며 지내는 아이들이기 때문에 마음 한편이 안심이 되었다. 삼삼오오 모여 축구, 배구를 하기도 하고 여자아이들은 그네를 타며 까르르 웃기도 하고, 조금 더 큰 아이들은 다 같이 먹을 저녁 식사도 스스로 준비하는 듯했다. 130명 정도 되는 아이들은 김미숙 아줌마를 엄마라고 불렀다. 아줌마는 이곳에서 역시 사랑을 주는 일을 하고 있다.

백마 탄
록끄루

운동을 하겠다며 열심히 학교를 걸어 다녔지만 어느 순간부터는 자전거를 다시 타기 시작했고, 어느 날은 철수의 오토바이를 타고 다니기도 하고, 자전거를 타고 출근했다가 집에 올 때는 오토바이를 타고 오기도 했다. 그럴 때면 우리 집과 같은 방향의 학교 선생님들이 몇 명 있어 가는 길에 태워 달라고 할 수도 있지만 오후에 모또돕 기사를 하는 남자 선생님이 있는 탓에 자전거를 타기 귀찮은 날에는 그 선생님의 손님이 되어 다니게 되었다.

그러던 어느 날, 그 남자 선생님이 일찍 퇴근을 하는 바람에 수업 후 집에 오랜만에 걸어가야 되는 일이 생겼다. 수업이 끝나는 11시부터는 무척 더운데 처음에는 아무것도 모르고 걸어 다녔지만 오랜만에 집까지 걸어가려니 엄두가 나지 않던 상황이었다. 난처해하던 순간, 6학년 b반 남자 선생님이 집까지 데려다 주겠다며 얼른 뒤에 타라고 백마 탄 왕자님처럼 나타났다. 사실 왕자님과는 거리가 먼 행색의 40대 '록끄루(남자 선생님)'는 학교 선생님들 중에서도 나와 스스럼없이 장난을 치며 가까운 사이인데, 옷차림이며 오토바이며 너무 낡아서 다른 선생님들보다도 형편이 안 좋은 편일 것이라고 생각하고 있었다. 낡은 오토바이를 타고 다닐 때는 창피하였는지 학교 건물 뒤편에 혼자 따로 세워놨었지만 얼마 전 아들이 태국에서 보내준 돈으로 새 오토바이를 장만한 이후로는 당당하게 다른 선생님들 오토바이 옆에 같이 세우기 시작했고, 오늘이 기회다 싶어 자신 있게 나를 태워 주겠다고 자청한 게 분명했다. 그리고 이날 이후 나는 거의 매일 록끄루의 오토바이를 타고 집으로 편하게 갈 수 있게 되었다. 이것을 계기로 점차적으로 록끄루와도 얼굴색이 다른 외국인의 한계를 뛰어넘는 관계를 맺게 되었다. 예를 들어 선생님들과 다 함께 결혼식에 참석할 때는 젊은 청년들 무리가 있으면 그쪽으로 가지 말라고 나의 신변을 살펴주기도 하고, 한국에서 가족들이 왔을 때에도 학교를 같이 돌며 설명해 주고 제일 챙겨 주는 건 이 록끄루였다. 손님들이 올 때마다 오토바이를 태우고 프레이뱅의 강변과 나도 몰랐던 프레이뱅의 멋진 장소를 구석구석 산책시켜 주었다. KOICA 단원은 오토바이를 직접 모는 것이 금지여서 교감 선생님이 손님들이 왔을 때 프레이뱅의 가이드가 하루씩 되어 주는 것은 무척 감사한 일이었다.

한번은 대학교 친구가 프레이뱅에 놀러 왔었는데 친구 역시 미대를 나왔기 때문에 학교에 같이 가서 미술 수업을 진행했다. 친구가 캄보디아에서는 구할 수 없는 알록달록한 무늬가 있는 색종이를 잔뜩 사온 덕분에 아이들과 신나게 수업을 하고 있었다. 그리고 록끄루가 교실에 찾아와 이번에도 역시나 5시가 되면 집 앞으로

룩끄루(왼쪽에 앉은 사람)와 나

와서 우리를 태우고 프레이뱅을 산책시켜 주겠다고 했다. 한국의
손님들은 캄보디아어를 할 줄 몰라 적극적으로 현지인들과 대화를
하기보다는 나를 통해 간단한 이야기만 주고받았지만 이 친구는
적극적으로 록끄루에게 보디랭귀지를 하며 다가갔다. 록끄루는
한국인을 많이 만나 봤지만 자신에게 적극적으로 다가온 친구가
무척 마음에 들었는지 캄보디아어 이름을 지어 주고 저녁때
우리를 집에 초대까지 했다. 그렇게 오후에 셋이 오토바이를
타고 선선한 바람을 맞으며 평화로운 프레이뱅을 산책하고,
록끄루의 나무 집에서 우리가 준비해 간 한국 음식 그리고 현지
음식을 같이 나눠 먹으며 즐거운 시간을 보내게 되었다. 친구는
캄보디아의 나무 집이 신기한지 연신 설렘으로 가득 차 있었고
록끄루 역시 우리가 집에 놀러 와서 한국 음식을 같이 해먹는 것이
무척 행복하다고 했다. 하루 이틀 짧은 만남이었지만, 록끄루와
친구는 결국 헤어질 때 눈시울이 붉어질 정도로 정이 들게 되었다.

록끄루는 내게도 항상 학교 생활의 활력소가 되어 주는데 이렇게
한국에서 온 손님들에게도 잊지 못할 추억을 선사해 줬다. 매일
보는 얼굴이지만 언어의 장벽 혹은 다른 가치관으로 마음을 열고
진정한 친구가 되기는 어려운 이곳에서 내게 진심으로 서로의
행복을 바라고 힘이 되어주는 현지인 친구가 생긴 것이 참
감사하다.

우리 집은 아이들 사랑방

나의
아이들

프놈펜에 올라가지 않는 주말에는 한국인 선교사님이 계시는
교회에 다녀온다. 어느 때와 마찬가지로 교회를 다녀온 후 아침
겸 점심을 먹으며 〈그것이 알고 싶다〉를 보고 있었다. 매일매일이
주말같이 여유로운 캄보디아지만 그래도 일요일 오후는 기분
탓인지 더 한적하고 몸이 나른해진다. 그렇게 일요일 오후를
느긋이 즐기고 있는데 아이들이 찾아왔다. 순간적으로 이
평화로운 오후가 깨지는 것이 싫었지만 대문을 열어 보니 5학년
여자아이 두 명이 놀러온 것이었다. 어쩔 수 없이 아이들에게
들어오라 하고 소파에 앉았다. 아이들이 웃으면서 내 앞에 섰다.
한 손에 종이를 들고 있었는데 앞장은 내게 쓴 편지였고 뒷장에는
이것저것 그림을 그려온 것이었다. 그러더니 귀여운 두 아가씨가
편지를 소리 내어 읽기 시작했다.

> 우리는 선생님을 아주 많이 사랑해요.
> 선생님은 키가 크고 예뻐요.
> 선생님은 긴 생머리를 갖고 있어요.
> 선생님은 우리를 많이 사랑해 줘요.
> 선생님은 컴퓨터 한 대를 갖고 있어요.

선생님 옷이랑 집이랑 화장실이 예뻐요.
저희는 쓰레이니읗이랑 꼰티어예요.

둘이 나란히 앉아 활짝 웃으며 편지를 읽어 주는데 조금 전만 해도 아이들이 귀찮았던 내 눈은 하트로 변했고 입가에는 활짝 엄마 미소가 지어졌다. 학교에서 아이들에게 편지는 자주 받기도 하고, 아이들이 집에 매일 놀러 오는데도 오늘은 왠지 더 감동스러웠다. 일요일 오전에 둘이 만나 우리 집에 놀러올 계획을 짜고, 내게 줄 편지를 쓰고 그림을 그리고 그것을 전해주러 왔다니! 그런 아이들의 마음이 내가 지켜주고 싶을 만큼 예쁘고 소중한 것이라 느껴졌다. 게다가 내용도 귀엽다. 아이들 눈에는 내가 컴퓨터를 한 대 갖고 있는 것이 대단해 보였나 보다.

생일도, 특별한 날도 아닌 그저 일요일 오후에 난 아무것도 한 것 없이 한가롭게 집에서 딩굴딩굴 있었을 뿐인데 갑자기 집에 찾아와 내게 이런 감동을 주니 난 참 행복한 사람이라고 아이들 덕분에 생각할 수 있었다. 요새 가뜩이나 수업 때문에 스트레스도 많이 받고 아이들이 잘 안 따라와서 혼도 많이 냈던 것을 후회하게도 만들었다.

캄보디아는 대체 내가 봉사를 하러 이곳에 온 건지, 평생 받을 사랑을 받으러 이곳에 온 건지. 헷갈리게 만드는 곳이다.

나에게 쓴 편지를 읽는 아이들

쏙써바이 땀 플러우

너의 가는 길이
　　　평안하기를…

눈물이
펑펑

1월 즈음부터 아직 반년이나 남은 귀국에 대해 정리를 해나가고 있다. 한국에 간다는 설렘도 있지만 정든 이곳을 아쉬움 없이, 웃으며 서로 좋은 기억으로 헤어질 수 있을지 고민하며 지내는 시간이 많아졌다. 시골 생활이 너무나 지루하고 시간이 멈춘 것 같아 답답할 때가 많았는데 어느새 캄보디아의 시간들을 정리해야 될 시간이 와버리다니. 한국에서 캄보디아로 출국하던 날 혼자 펑펑 울었던 나였다. 그때는 2년이 지난 후 다시 만날 수 있다는 기약이 있는 이별에도 마음이 와장창 무너져 내리는 기분이었는데, 단원으로서 임기가 마친 후 이곳을 떠나면 학교와 프레이뱅의 모든 사람들과는 기약 없는 이별이 기다리고 있다. 시간과 여건이 될 때 반드시 캄보디아를 다시 찾으리라 다짐을 하고 또 하지만 그때가 언젠가를 알 수 없는 막연함에 이 헤어짐은 아쉬움이 더 진하다. 이들의 생활 속에 갑자기 불쑥 나타나 어느 순간부터는 너무나 당연하듯이 이들의 선생님으로, 친구로 지내고 낯선 나를 거리낌 없이 받아들여 준 프레이뱅의 사람들에게서 다시 불쑥 떠난다는 것이 미안할 정도로 나는 캄보디아의 삶 모든 것을 사랑했던 것 같다. 미안함, 고마움, 아쉬움들이 뒤섞인 채 웃으며 헤어질 수 있도록 남은 기간에는 내 일을 더 열심히 그리고 서서히 마무리를 지어야 한다.

얼마 전 나는 내 뒤를 이을 후임 미술 선생님을 KOICA 본부에 요청했다. 단원이 파견된 어떤 학교들은 고마움은 잠시뿐이고, 봉사 단원에게 점점 더 큰 것을 바라고 물질적인 요구도 서슴없이 해 단원과 마찰을 빚는 곳도 있지만 우리 학교 선생님들은 KOICA의 원조에 고마움을 갖고 있으며 내게 단 한 번도 물질적인 것을 바란 적도 없었다. 우리 학교는 단원들이 활동을 하기에 무척 좋은 기관이고, 학교 자체가 워낙 가난하여 늘 도움의 손길이 필요하기 때문에 주저하지 않고 바로 후임 신청을 한 것이다. 며칠 전 관리요원한테 내 후임이 뽑혀서 국내에서 교육을 잘 받고 있는지 프레이뱅에는 언제쯤 오는지 물었다. 내가 있는 동안 캄보디아에 오게 되면 직접 만나서 정보를 교류할 수도 있고 아쉬운 부분, 못했던 부분들을 얘기해 주고 싶었기 때문이다. 관리요원이 말하길 예정대로라면 국내교육과 현지훈련을 마치고 프레이뱅에 6월에서 7월쯤 오게 되겠지만 지원을 해서 뽑혀도 국내 교육원에 입소를 안 한다거나 파견국으로 출국 날 공항에 나오지 않는 경우도 종종 있기 때문에 확답을 줄 수 없다고 했다. 그 얘기를 들으니 갑자기 가슴이 철컹 내려앉았다. 당연히 내 뒤를 이을 후임이 와서 아이들의 교육과 학교에 지원이 지속될 거라 생각했는데 후임이 안 오고 미뤄지면 KOICA의 지원이 끊길 수도 있겠다고 종종 생각만 해오던 것이 현실적으로 다가왔기 때문이다. 처음부터 '그럴 수도 있겠지' 하고 생각만 했었지 막상 그렇게

어떤 꽃이

제-일- 예뻐요?

자, 예쁘게 포즈~

될지도 모르겠다는 상황이 코앞에 닥치니 우선 아이들 생각에 마음이 무거워졌다. 매주 미술 수업을 하면서도 그때마다 환호성을 지르고 신나서 미술실에 달려오는 아이들에게 그런 기쁨을 두 번 다시 줄 수 없다는 것은 참 슬픈 일임이 분명했다.

아마 KOICA에서 이제 캄보디아는 우리의 지원이 필요 없다고 하게 되면 아이들이 지금처럼 가난과 배고픔에 어느 정도 해방이 되어 있을 때라 좋은 일이겠지만, 지금 당장을 보면 내가 가르쳤던 아이들이 졸업을 하고 중학교, 고등학교에 올라가면 이런 교육은 이제 더 이상 못 받는다는 것이 안타깝게만 느껴졌다. 아이들 꿈이 화가라거나 그림을 그리고 싶은데 악조건으로 인해 못 그리는 극단적인 상황은 물론 아니지만 자라나는 아이들에게 다양하고 새로운 예체능 경험은 인지 발달과 더불어 분명 좋은 영향을 끼친다. 안타까운 마음에 사로잡혀 남은 기간 종이와 연필이 있으면 언제 어디서건 할 수 있는 그리기 수업 대신 아이들이 구하기 힘든 재료-색점토, 색종이 등을 이용한 만들기 수업을 될 수 있는 한 많이 해줘야겠다는 생각을 했다. 만들기 수업은 아이들에게 항상 인기 만점이어서 자주 해주고 싶었지만 사정상 늘 마음에 못 미치게 할 수밖에 없었다.

그러지 못한 이유는 크게 두 가지였다.
첫 번째는 미술 재료의 소모성이다. KOICA에서 나오는 활동물품비는 적지도 많지도 않은 적당한 비용이 단원들에게

제공된다. 단원들은 일 년에 네 번 정도 활동물품비를 정해진 금액
내에서 신청을 하면 신청 금액을 받고 물품을 구입한 후 정산을
해야 하는데 미술 수업에 쓰이는 재료들이 거의 소모품이기
때문에 수업을 하다 보면 생각보다 재료를 빨리 쓰게 되는 경우가
더러 있다. 예를 들어 풀 같은 경우는 두세 명이 한 개씩 나눠
사용한다. 하지만 풀을 사용해본 경험이 많지 않은 아이들이기
때문에 양 조절을 잘 못 해 새것 한 개를 그 자리에서 다 쓰는
경우도 많은 것이다. 그럼 그 후에 활동물품 신청 기간까지는 풀을
이용한 수업은 할 수가 없다. 그리고 내가 가르치는 아이들이 거의
180명 가까이 되니 재료는 항상 모자를 수밖에 없었다. 게다가
우리나라에서는 너무나 쉽게 구할 수 있는 색종이 같은 기본적인
재료도 학교 아이들에게는 처음 접하는 것들이다. 색종이뿐
아니라 거의 대부분의 재료들은 미술 수업 시간에만 접해 볼 수
있기 때문에 다들 재료 욕심이 대단하다. 그래서 한 명씩 연필을
나눠 주는 것은 아직까지도 쉬운 일이 아니다. 너도나도 뛰쳐나와
먼저 달라고 아우성이기 때문이다.

그리고 두 번째는 한국과 달라도 너무 다른 수업 분위기다.
미술 수업이 있는 날이면 아이들은 무조건 100% 신나 있다.
우리나라처럼 수업 시간 내내 자기 자리를 이탈하지 않고 가만히
앉아 있는 것은 이곳에서는 당연한 것이 아니다. 그러니 만들기
수업을 하는 날에는 안 그래도 신나 있는 아이들은 평소보다도 몇
배로 흥분을 해서 교실 안을 이리저리 휘저으며 날아다닌다. 나도

선생님! 선생님! 저희 어때요?

초반에는 만들기 수업 전에 아이들을 통솔해야 하는 것 때문에
만들기 수업을 계획한 날이면 겁부터 잔뜩 났었다. 그만큼 마음의
준비를 단단히 해야 했다.

재료를 나눠 줄때 자기 자리에서 기다리면 한 명씩 똑같이 나눠줄
거라고 설명도 해보고, 말을 안 들어서 소리를 지르기도 해보고
한 줄로 세워 보기도 하고, 도깨비 같은 무서운 표정을 지으며
혼을 내기도 해봤지만 이 모든 것이 통하지 않았다. 겨우겨우
질서를 만들고 아이들에게 내 생각에는 이 정도는 지켜야 한다고
생각되는 기본적인 규칙을 가르쳐 줘도 정작 자신들의 교실에
돌아가서는 대부분 이루어지지 않는 교육이기 때문에 밑 빠진
독에 물 붓기 격인 것이다.

**이런 수업 분위기 때문에 내가 교육자로서 자질이 부족해 생긴
것은 아닌가 싶어 가끔은 우울해지기도 했다. 그러나 다행히도
다른 단원들과 학교 이야기를 나누다 보면 공통적으로 힘들어하는
부분이어서 서로를 위안할 수 있다.**

그래서 이 두 가지의 이유로 나는 그리기 수업 외의 수업에는 항상
약간의 공포심과 두려움, 한마디로 부담감이 항상 있었다. 물론
다른 훌륭한 단원들은 '쓰루얼쓰루얼(쉽게, 편하게, 시원하게)'하게
할 수도 있지만, 내게는 만들기 수업은 쉽지 않은, 힘에 부치는
일이었다. 그래도 얼마 안 남았다는 섭섭한 마음이 생기니 나는

아이들에게 조금이라도 더 행복한 수업을 해주고 싶어 최대한 힘을 발휘하기로 결심했다.

얼마 전부터 그리기보다는 만들기와 새로운 체험 수업 위주로 끌어가다 보니 내 역량보다 과했는지 결국 오늘 일이 터졌다. 색지를 잘라서 목걸이, 머리띠, 팔찌를 만드는 수업이었다. 처음에는 집중을 하며 조용히 만들기에 열중하던 아이들이 하나씩 자신들의 작품을 완성해 나가면서 교실은 보통 때보다도 수백 배 더한 흥분과 열기로 가득 찼다. 꼭 세상에서 처음 목걸이를 해본 아이들처럼 신나서 이곳저곳에서 춤을 추고, 역할극을 하고 교실 안을 또 휘젓고 다니기 시작했다. 조용히 하라고 주의를 주면 그때는 잠시 가만히 있기도 했지만 정말 그 잠시를 넘기지 못했다. 거기다 요즘 날씨는 40도를 육박하는 그야말로 찜질방 속에 있는 것과 같았다. 땀은 줄줄 흐르고, 아이들은 전혀 통제가 안 되는 상황에 난 점점 이성을 잃어갔고 10분 정도 수업을 일찍 끝낸 후 〈곰 세 마리〉 율동도 알려줄 참이었는데 내 마음도 모르고 저렇게 교실 안을 소리를 지르며 날아다니는 아이들한테 너무 화가 나서 참다 참다 폭발을 해버렸다. 나는 아이들한테 교실로 돌아가라고 소리를 질렀다. 그러자 놀래서 멀뚱멀뚱 쳐다보는 아이들에게 다시 한 번 '선생님 말을 안 들으니 더 이상 수업을 할 수 없다. 교실로 돌아가'라고 소리를 질렀다. 그러자 아이들이 눈치를 보며 조용히 교실을 나갔다. 나가는 아이들을 보니 곧바로 후회가 밀려왔지만 화는 잘 수그러들지 않았다. 빈 교실에 덩그러니 남으니 '아이들은 무척 신나서 그랬을 텐데… 마음이 가는 대로 행동하는 게 아이들인데.' 다시 이성적인 생각이 들고, 한국이 아닌 이곳에서 내 기준에 맞춰 아이들에게 화를 낸 나도 참 못나 보였고, 이 캄보디아 시골에서 혼자 감정이 격해져 이러고 앉아 있는 게 서럽고 외롭게 느껴졌다. 도움이 필요한 아이들의 선생님이 되는 것을 그토록 간절하게 바라왔었고, 또한 지금의 모든 상황이 아이들이 왜 그랬는지 이해되면서도 포용을 못 한다는 것, 그게 더 괴로웠다. 그렇게 아이들을 보내고 빈 교실에 혼자 덩그러니 턱을 괴고 이런저런 생각을 하며 괴로워하고 있는데 친한 록끄루가 지나가다 나를 보고는 교실에 들어와 왜 혼자 이렇게 앉아 있느냐고 물었다. 록끄루가 건넨 걱정 어린 말을 들으니 서러움이 폭발해 눈물이 왈칵 쏟아졌다. 그렇게 울고 있는 내게 록끄루는 장난 반 진담 반으로 엄마 보고 싶어서 우는 거냐고 물고 그 얘기를 들으니 29살에 이렇게 울고 있는 내가 창피하고 이 상황에도 장난을 치는 록끄루 때문에 웃음이 나왔다. 그렇게 록끄루 덕분에 진정을 한 후 아이들이 말을 안 들어 속상하고 화가 많이 나서 엎드려 있었다고 하지만 아이들 마음을 이해한다고 원래 만들기 수업을 하면 아이들이라 신이 나면 통제를 못 해서 그런 거라고, 그런데 오늘은 내가 컨디션이 안 좋았던 것 같으니 걱정할 것은 없다고 말했다. 하지만 록끄루는 괜찮다는 내 말에도 불구하고 내가 쫓아낸 반 교실을 찾아가서 아이들을 혼냈고 결국 아이들 몇 명도 울면서 집에 가야 했다.
이 사건은 십 분도 채 안 되어 전교생, 모든 선생님께 소문이

퍼지고 모두들 내게 몰려왔다. 짓궂은 록끄루들은 내가 엄마가 보고 싶어서, 애인이 보고 싶어서 운 거라고 놀려 대고, '넥끄루(여자 선생님)'들은 말 안 듣는 아이들을 때리는 방법을 알려 줬다. 몇몇 아이들은 내게 몰려와 우리는 수업 시간에 안 떠들 것이니 미술을 계속 가르쳐줘야 한다고 약속을 받아내기도 했다.

그리고 화가 가라앉자 역량이 부족했던 나 때문에 아이들이 괜히 혼난 것 같아 미안했고 또한 선생님의 직분을 가지고 있는 사람이 말을 안 듣는 아이들 통제를 못 해 울어 버린 것이 너무너무 창피했다. 다르게 생각해 보면 이들에게는 큰 잘못이 아닌 것에 내 스스로 감당을 못 해서 일어난 일이기도 하기 때문이다. 허나 화를 내고 울기도 하는 감정적인 모습을 있는 그대로 이들에게 보여서일까? 이 사건으로 인해 선생님들과는 왠지 모르게 한 발짝 더 가까워진 느낌이 들기도 했다. '그래, 사람들과 부딪혀 살다 보면 이렇게 감정이 격해질 때도 있지'라고 또 한번 스스로를 다독이며 창피함을 마음속에서 저만치 멀리 밀어내려고 노력했다. 나는 아이들에게 새로운 것을 알려주고 싶어 하는 마음이었고, 아이들은 미술 수업이 너무 신나서 일어난 일이었으니 순간 감정이 상해서 생긴 어느 하루의 에피소드일 뿐이라고 정리를 했다. 그리고 나도 울고 너희들도 울긴 했다만, 아이들이 나중에 커서 '우리를 사랑했던 한국인 미술 선생님'으로 기억해 주기를… 한국에 돌아가면 나는 먹고 싶은 것을 맘껏 먹고 편안한 침대에 누워 자고 물질적인 것들을 많이 누리며 지내게 될 테지만, 아이들은 그때의 나와는 달리 항상 맛있는 것을 먹고 싶어 하고, 닭장에서 잠을 자기도 하는 가난하고 도움의 손길이 곳곳에 필요한 지금 상황이 그대로일 것이다.

선생님으로서는 마음 아파하기보다 아이들의 잘못을 혼내는 것이 맞다. 하지만 이 아이들이 어떤 환경에서 자라나고 있는지 누구보다 잘 아는 내가 한국에서 아이들을 떠올렸을 때에도 지금처럼 이렇게 교사의 마음만으로 아이들, 이곳을 생각할 수 있을지는 장담할 수 없다. 오늘 일은 캄보디아에서 지내면서 있었던 하나의 추억이 되겠지만, 한편으로는 내가 할머니가 되어서도 문득 아이들에게 미안한 마음이 들 것 같기도 하다.

쏙써바이

쏙써바이란, 캄보디아어로 행복, 기쁨이라는 뜻이다. 그리고 캄보디아에 파견된 단원들이 만든 동아리 개념의 봉사 단체 이름이기도 하다. 대게 한 달에 한 번 단원들이 파견되어 있는 초등학교 또는 보육원같이 도움의 손길이 필요한 곳을 방문하여 낡은 벽에 페인트칠을 하기도 하고, 아이들이 좋아할 만한 짧은 프로그램으로 놀이 체육, 미술, 음악 등 다양한 수업을 해주기도 하고, 빔 프로젝터와 스크린으로 캄보디아어로 더빙된 애니메이션 또는 교육영화를 상영해 주는 다양한 활동을 한다. NGO 단체와 협력활동을 하기도 하고, KOICA 단원이 아니어도 누구나 참여가 가능한 열린 곳이다. 봉사하러 온 곳에서도 또 다른 봉사 동아리를 만들어 활동하고 있는 멋진 사람들을 만날 수 있다.

나는 쏙써바이 활동을 한두 번밖에 안 했었다. 하지만 그때 어깨너머로 봤던 다른 단원들이 아이들에게 대하는 방식을 보고 다양한 기술을 배우기도 했고, 미술 교육이 아닌 다른 분야 활동을 보고 아이들에게 새로운 것들을 가르칠 수 있었다. 내가 활동 했을 때는 캄보디아어로 〈곰 세 마리〉를 부르며 율동을 가르치는 음악 교육을 했었는데, 수업을 하고 5분, 10분씩 남는 자투리 시간에

영화에 쏙-

빠진 아이들

〈곰 세 마리〉 노래와 율동을 가르치니 아이들이 너무 좋아했었다. 남자 친구가 왔을 때는 쏙써바이 때 놀이 체육을 한 활동을 참고해 수월하게 체육 수업을 할 수 있었다. 그 모습을 보았던 우리 학교 선생님들은 작년부터 시작된 체육 수업을 거부감 없이 잘 받아들여 학교에 체육수업을 시작할 수 있었던 것 같다.

귀국을 한 달 앞두고 쏙써바이에 우리 학교 방문 신청을 했다. 학교에 좋은 추억을 남겨 주고 싶어서였기도 했지만 제일 큰 이유는 아이들이 항상 맛있고 좋은 먹거리에 굶주려 있는데 KOICA에 '한국 음식 만들기'라는 프로그램이 있어 전교생에게 먹을 것을 나눠 줄 수 있기 때문이었다.

어느 화창하고 역시나 더운 토요일. 쏙써바이 봉사단원 이십여 명이 프레이뱅을 찾았다. 아이들은 소리를 지르고 박수를 치며 단원들을 환영해 주었다. 곧이어 두세 명의 단원들이 한 조를 이루어 체육 수업, 과자 따먹기 같은 놀이 수업, 빔 프로젝터를 이용한 영화 감상, 동요 배우기 등 평소에는 아이들이 접하기 힘든 다양한 수업을 시작했다. 아이들의 반응은 가히 적극적이었다. 선생님들 역시도 우리 학교와 KOICA와 연관되어 이러한 프로그램을 하는 것에 무척 큰 자부심을 갖고 있기에 적극적으로 우리를 도와주었다. 내 말을 듣는 둥 마는 둥 했던 아이들도 오늘만큼은 한국인 선생님들의 지시에 따라 잘 따라와 쏙써바이에서 준비했던 모든 수업을 성공적으로 마칠 수 있게

화면에 집중하고 있는 아이들

되었다.

프로그램이 다 끝난 후 떡볶이를 만들어 학교의 모든 이들과 나눠 먹을 수 있었다. 항상 웃는 밝은 아이들이지만 더욱더 들뜬 아이들의 표정, 한국인 선생님들이 해주는 것이라면 무조건적 반기고 적극적으로 따라 주는 고마운 아이들과 우리 학교 선생님들 그리고 우리 학교를 위해 프레이뱅까지 달려와 준 우리 KOICA 단원들. 아이들 그리고 나를 포함한 다른 단원들도 모두 땀에 티셔츠가 다 젖었지만 나는 처음으로 이 더위가 전혀 느껴지지 않았다. 너무나 따갑다고 느껴졌던 햇살은 나뭇잎과 학교, 우리들 머리 위로 밤하늘의 별보다 더 반짝였다.

롱덤라이 초등학교
미술대회

정확한 이유는 모르지만 롱덤라이 초등학교에 내 뒤를 이을 KOICA 후임 단원이 오지 않게 되었다. 아마 초등학교에 직접 임명을 하지 않고 지역의 교육청에 파견되어 더 많은 학교에서 활동을 할 수 있게 하려는 KOICA 시스템의 변화 때문일 것이다. 그럴 가능성을 종종 생각해 왔던 터라 크게 놀라지는 않았지만 내게 근심이 되는 건 어쩔 수 없는 일이다. 당장 후임이 오기를 기대하던 선생님들, 아이들에게는 실망을 안겨줄 수밖에 없으니까. 활동물품으로 사놨던 새 재료들, 그리고 쓰다 만 색연필이나 물감, 종이, 크레파스 등등. 내가 돌아가고 나면 아마 처음엔 교장 선생님이 보관을 잘하려고 하실 것이다. 하지만 점차적으로 관리가 소홀해지고 재료를 어떻게 사용해야 할지 몰라 먼지가 뽀얗게 낀 채로 '쩐쩌(작은 도마뱀)'와 쥐똥이 범벅된 채 썩어갈 수도 있다. 혹은 선생님들이 테이프같이 필요한 것을 꺼내 쓰다 재료들이 하나씩 하나씩 없어질 가능성도 높다.

예를 들어 많은 단체들에서 열악한 캄보디아의 초등학교에 화장실을 지어 주었지만 이제는 웬만해선 화장실 공사는 권장하지 않는 일이다. 사후관리가 전혀 안 되기 때문이다. 화장실을

주기적으로 청소해줘야 하는데 청소도 하지 않고 고장이 나면 그대로 자물쇠를 걸어 잠그고 만다. 어떤 곳은 새 화장실이 생기자마자 아이들이 쓰면 관리가 안 된다고 선생님들만 열쇠를 갖고 화장실을 쓸 수 있게 하기도 한다.

그래서 나는 아이들에게 재료를 나눠 줄 명목하에 미술 대회를 열기로 했다. 전교생을 나눠줄 수 있는 양은 아니고, 곧 졸업을 하면 더 이상 예체능 교육을 받을 수 없는 6학년과 5학년만을 대상으로 한 대회를 열었다.

캄보디아에는 여러 나라의 다양한 기관에서 원조를 해주고 있고, 그걸로 나라가 운영되는 부분이 매우 많은지라 사람들이 받는 것에 매우 익숙해져 있어 도움받는 것을 당연시 여긴다. 이들에게 필요한 교육을 시켜주려 하면 치약, 비누라도 나눠줘야 사람들이 모인다는 말은 캄보디아에 있는 외국인 봉사단원들이라면 다들 여러 번 들어본 이야기다. 받는 것에 고마움을 모르는 것을 넘어 의존적인 성향이 되어 스스로 자립해야 하는 부분도 잃어버릴 수도 있기 때문에 아이들에게 뭔가를 나눠 줘야 할 때는 항상 조심스럽다. 그래서 집에 놀러온 아이들에게 맛있는 것을 배불리 먹이고 싶지만 맘껏 그럴 수도 없었고, 선생님들에게 감사의 표시로 작은 선물을 주고 싶어도 고민만 하다 그러지 못했다. 그래서 이번 대회를 통해 아이들에게 남은 재료를 맘껏 나눠줄 생각에 나도 무척 기쁘다.

미술 대회 그리기 주제는 '우리 학교'로 정했다. 아이들 중
'롱덤라이 초등학교'의 느낌을 가장 잘 살린 그림을 한국에 한 장
가져가려는 나의 꿍꿍이도 들어 있는 주제다.
아이들도 어느 때보다 초롱초롱한 눈빛을 하고 원래 수업 시간보다
몇 배나 더 긴 시간을 진지하게 임했다. 이 순간 우주에서
제일 집중을 하고 있을 게 분명하다. 평소 그렇게 말을 안 듣던
아이들을 떠올리니 어찌나 얄미워 보이던지. 하지만 입장을 바꿔
생각해 보면 연필 하나도 맘껏 쓸 수 없는 아이들인지라 이런
모습이 안타깝기도 했다. 돈이 있어도 재료들을 구입할 수 없는
이 시골에서 아이들이 얼마나 간절한 마음으로 그림을 그리고
있을까. 꼭 미술 재료가 아니더라도 자라나는 아이들에게는 모든
것이 부족한 이곳. 나는 아이들에게 부족한 부분을 채워주러 온
선생님이자 외국인, 그리고 이젠 그들의 친구. 한결같은 아이들의
순수한 모습들은 이제는 내게 일상이 되어 버린 이곳에서도
간간이 나를 돌아보게 한다.

남은 미술 재료의 종류가 색연필 두 개, 물감 다섯 개, 이런 식으로
천차만별이라 1등부터 15등 순으로 앞으로 나와 갖고 싶은 재료를
고를 수 있도록 했다. 그리고 15등부터 뒤의 대여섯 명에게는
똑같이 풀을 나눠 주었다. 꼴찌도 없을 뿐더러, 못 그렸다는
것에 기가 죽지 않도록 나름 생각해낸 방법이었다. **마음 같아선
아이들에게 모든 재료를 하나씩 나눠주고 싶었지만 그건 이곳에서
내 욕심을 채우는 행위다. 순간의 감정에 사로잡혀 이들을 망칠수도**

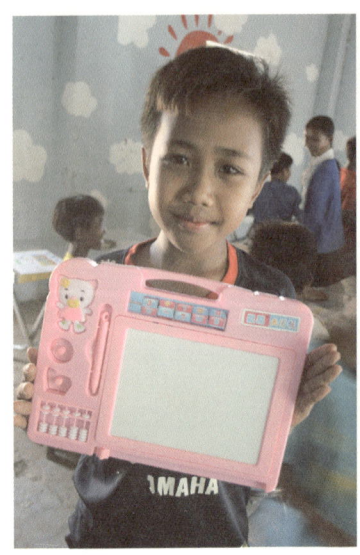 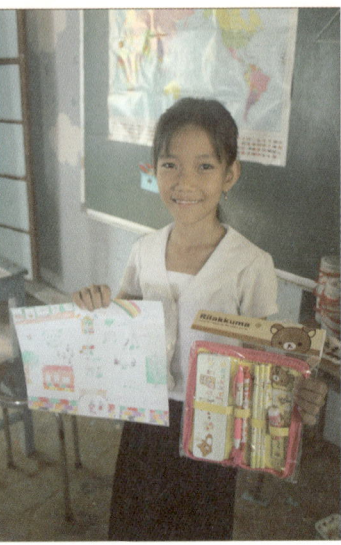

상품 자랑(위) | 원하는 상품을 받지 못해 풀이 죽은 쫌라온(아래) | 그림 칠판을 받은 아이(왼쪽)

있는 조심스러운 행위일 수 있다. 물론 다 나눠줄 재료도 없지만 말이다.

나는 뒤의 대여섯 명의 아이들에게 먼저 풀을 나눠 주었다. 거의 완성을 하지 않거나 미안하지만 너무나 미술에 소질이 없는 그런 그림들의 주인공들이다. 혹여 풀을 받는 아이들이나 2등, 3등을 한 아이들이 상처받지는 않을까 걱정한 건 또 한국인 마인드였던가? 풀을 받는 아이들의 입이 찢어져라 싱글벙글하다. 거기다 다음으로 1등 그림을 공개하면 너나 할 것 없이 자기 일마냥 소리를 지르며 박수를 치는 아이들이다. 1등을 한 친구가 앞으로 나와 자신이 갖고 싶은 것을 고르고 있으면 뒤에서 연필깎이가 제일 좋다느니, 색연필이 제일 좋으니 그걸 고르라느니 몇 십 명이 소리를 지르며 1등을 한 친구가 제일 좋은 것을 가져가길 바랐다.
나였다면 나보다 앞에서 갖고 싶은 걸 고를 수 있는 안 좋은 것을 가져가서 내가 제일 좋은 것을 가지려는 생각만 했을 텐데. 이것과는 전혀 반대의 반응들을 보며 이 순수하고 착한 아이들을 닮고 싶다고, 내가 어쩌면 아이들에게 배워 가는 것이 더 많을 것이라고, 백번도 넘게 이러한 생각이 들었다.

그렇게 모두가 행복해 하는 미술 대회 시상식에서 딱 한 명 우리 집에 제일 많이 놀러 오고, 나랑 있는 시간을 좋아하는 쫌라은이란 학생의 표정만 굳어졌다. 대회를 열겠다고 한 순간부터 자기가 꼭 1등을 하고 싶다고 내게 와서 말을 했었는데 그전부터

갖고 싶어 하던 어린이용 칠판이 있었기 때문이다. 나랑 친하다고
생각해서 기대를 많이 했던 모양인지 갖고 싶었던 것을 못 갖게
되자 받아들이지 못하고 힘들어 했다. 그리고 머리가 아프다며
종례까지 한 시간이 남았지만 집에 돌아가 버렸다. 그 이후로
쫌라은은 다음 날도 다다음 날도 학교에 나오지 않았다. 같은 반
쌍둥이 쫌렁에게 물어보니 쫌라은이 열이 나는 것 같기도 하고,
그런 것쯤은 대수도 아니라는 듯이 아무렇지도 않은 표정을
지으며 잘 모르겠다고만 했다. 처음엔 이런 쫌라은이 귀엽고
조금은 안쓰러웠다. 하지만 하루 이틀 학교를 나오지 않자 내
마음은 돌덩이가 우물에 가라앉듯 천천히, 무겁게 수면 아래로
내려가기 시작했다. 선생님으로서 감정에 휘둘리지 않아야 하지만,
이곳에서 꼭 그렇게까지 해야 하는 게 맞는 건지 싶은 생각까지
들었다. 간절히 갖고 싶었던 마음도 잘 알고, 갖고 싶어도 돈이
없어 살 수 없고, 혹여 돈이 있더라도 캄보디아 시골의 아이에게는
구하기도 쉽지 않은 것이다.

한국에서 쉽게 접할 수 있고 낭비되는 물건들이 이곳에서는 귀한
물건이 되고 아이들이 간절히 바라는 무언가가 된다. 그것을 항상
지켜만 봐야 하는 것은 매우 씁쓸한 일이다. 그래서 나는 한국에
갈 날도 얼마 안 남았겠다. 2년 동안 괴로웠던 내 마음에 대한
보상이자 다른 아이들보다 조금은 더 특별했던 쫌라은에게 한국에
가기 하루 전날 꼭 어린이용 칠판을 따로 선물해 주기로 결심했다.
지금은 속상해서 학교를 안 나오고 있는 쫌라은도 선물을

받고 행복해할 모습에 돌덩이처럼 무거웠던 내 마음도 조금씩 가벼워지는 것을 느낄 수 있었다. 다른 아이들에게 미안한 마음과 공평하지 못하다는 것을 알면서도 '그래 이런 게 진정한 선물이지. 2년 동안 잘 참아 왔으니까. 쫌라은은 나와 특별한 사이니까.' 이런 식으로 계속해서 되뇌었다.

그리고 며칠 뒤 학교에 나온 쫌라은에게 왜 학교를 안 나왔느냐고 물으니 웃으면서 도망을 간다. 정말 감기에 걸려 못 나온 것일 수도 있는 일이고 쫌라은에게는 벌써 아무 일도 아닌 일이 되어버렸을 수도 있지만, 나는 꼭 쫌라은에게 어린이용 미술 칠판을 줄 것이다.

교실 안으로

하트 수업

쏙써바이
땀 플러우

두 번 다시 돌아오지 않을 이곳에의 시간은 결국 흘러가고 말
것을 억지로 잡으려는 것이라는 것을 알면서도 나를 귀국 하루
전날까지 프레이뱅에 있게 하였다. 그리고 연속으로 며칠 동안
아이들이 나오는 프레이뱅의 꿈을 꿨다. 꿈속에서 아이들은 지금
여기처럼 한국의 우리 집 앞에 놀러와 문을 열어 달라고도 하고,
교실에서 아이들과 헤어짐이 아쉬워 펑펑 울기도 했다. 그런
꿈을 꾸고 학교에 출근을 하는 날엔 아이들을 와락 안고 울고
싶은 마음을 꾹꾹 눌러야 했다. 이 시기에는 학교 선생님, 한국어
수업으로 알게 된 친구들 몇몇도 내 꿈을 꾸었다고 종종 말을
해줬다. 격한 표현을 하지 않아도 우린 다 같이 경험해보지 못한
기약 없는 이별을 실감하고 있는 중이다.

어떤 단원들은 파견된 근무지에서 훌륭한 교육을 하여 학교와
아이들이 눈에 띄는 발전을 하기도 하고, 어떤 이는 현지인들에게
꼭 필요했던 것들을 채워주기도 하고, 또 다른 이는 큰 안목으로
몇 년 후, 몇 십 년 후를 내다보며 캄보디아를 위한 전체적인
계획을 세워주기도 한다. 그렇게 단원마다 자신의 역량에 따라
봉사를 하고 누가 잘하고 못하고를 판가름할 수는 없는 것이다.

내 역량이 최고 발휘된 것은 얼굴색이 다르고, 언어가 다르고, 합리적인 기준마저 다른 이곳에서 사람들과 좋은 관계를 맺게 된 것이라 생각했다.

아이들이 항상 집에 찾아오고 학교 선생님들과도 스스럼없이 지내게 된 것, 한국어 수업을 통해 만난 사람들, 말이 통하지 않아도 깊이 교감할 수 있었다. 관계 형성에 사실 내가 특별히 노력을 하거나 잘한 일은 딱히 없었지만 이들은 한국에서 온 나를 처음부터 반겨 주었고 예뻐해 주었다. 점점 그들 방식으로 내게 신경을 써주었고, 나중에는 아낌없이 사랑해 주었다. 나는 절대로 사람들이 보통 생각하는 아이들에게 항상 웃으며 따스하게 안아 주는 천사 같은 봉사단원도 아니었다. 학교 수업과 한국어 교육은 어느 순간 그저 내 일상이 되어 버렸고, 매일같이 찾아오는 아이들에게 짜증이 날 때도 있고, 심지어 집에 들이지 않고 되돌려 보낸 적도 있었다. 친한 남자 선생님들의 악의 없는 장난이 갑자기 무섭게 느껴져 며칠간 말을 잘 섞지 않아 그들을 당황시켰던 적도 있었다. 하지만 짜증이 나면 곧 다시 웃게 되는 날이 온다는 것이 당연하다는 걸 잘 안다는 듯이, 내 감정 변화를 다 읽고 혼자 심통이 나있을 때는 가만히 기다려 주며 그렇게 한결같이 활짝 핀 꽃처럼, 순수하고 밝은 모습으로만 대해 줬던 프레이뱅의 사람들. 이들이 날 배려하기 위해 깊은 생각에 행동한 것이 아니라 오히려 별생각 없이 행복, 즐거움을 중요시 여기는 특유의 자질들로 인한 행동의 결과였음을 이제 조금은 알 것 같다.

수업을 했던 프레이뱅 교회 앞에서 제자들과 나

그리고 봉사라는 내가 이곳에 온 원초적 이유까지 까먹게
되어버린 끝나지 않을 것 같은 잔잔한 시골의 일상들의 마지막
날이 왔다. 학교에 가기 위해 준비하고 있는 오늘 아침이 너무나
보통의 날과 다르지 않아 허무함이 들기도 하는 마지막 날이다.
곧 학교에 가서 아이들 그리고 선생님들 학교 풍경을 바라보고
마지막이라는 감정의 동요가 물밀듯 오는 순간에도 정신을 바짝
차리고 절대 '사람들 보는 앞에서 울지 말자'라고 다짐을 하며 출근
준비를 했다.

학교에 도착한 후 나와 가장 친한 교감 록끄루와 각 반을
돌며 아이들과 작별 인사를 하는 시간을 가졌다. 작별 인사로
노래를 불러 주는 아이들을 바라보고 있으니 처음 우리 학교를
만났던 순간, 선생님들과 교무실에서 종일 술 마시며 놀았던
기이한 경험, 지독하리만치 말을 안 듣던 아이들, 항상 부족했던
재료들로도 넘치는 열정으로 가득 찼던 그리고 선풍기 하나
없어 매일매일 땀으로 샤워를 해야 했던 미술 수업, 뜨거운 태양
아래 쉬는 시간마다 고무줄놀이, 땅따먹기, 술래잡기 등 신나게
운동장과 교실을 뛰어다녔던 아이들이 떠올랐다. 주마등처럼
스쳐지나간다는 말은 꼭 이럴 때 써야 하는 것처럼 그렇게 지난
2년이 떠올랐다.

나는 지금이라도 주저앉아 펑펑 울고 싶은 마음을 겨우 꾹꾹 눌러
담으며 교실 순회를 마치고 교무실로 돌아간 후 교무실에 모여

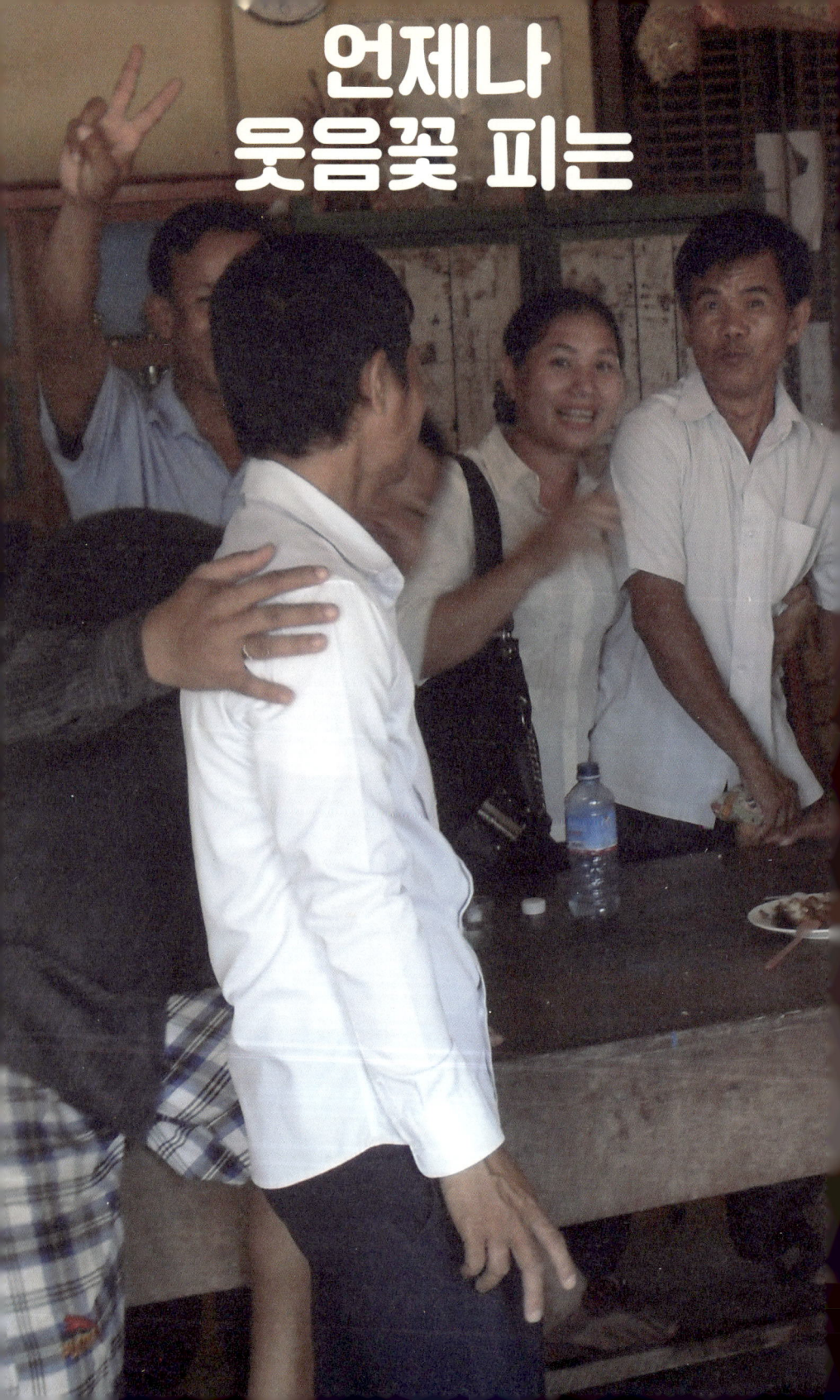

있는 선생님들에게 '우리 학교에서 2년 동안 같이 근무했던 것은
내게 너무 큰 행복이었고, 감사했다고, 다들 행복하기를 바라고
잊지 않겠다'고 말한 후 의자에 앉자마자 결국 울음을 터뜨리고
말았다. 선생님들은 그런 나를 또 놀리듯이 크게 웃으며 울지
말라는 신기한 위로를 해주었다. 그리고 한 선생님이 다가와 내게
말했다. 우리는 2년 동안 서로 좋은 시간을 보냈었고 앞으로도
잊지 않을 일이었다며 오늘 같은 날에는 웃으며 서로 축복해 주는
기쁜 날이기 때문에 눈물을 보이는 것은 안 좋은 일이라고 울고
있는 나를 나무랐다. 나는 그것이 순간 섭섭하고 창피하기도 하여
금세 울음을 멈출 수 있었다. 그리고 마지막 날에도 그들과는
받아들이고 생각하는 것이 태생적으로 다름을 또 한번 느낄 수
있었다. 하지만 우리가 지금 느끼고 있는 마음은 같다는 것도 알
수 있었다.

아이들은 너무하리만큼 보통날과 똑같이 쉬는 시간에 뛰어다니고
소리를 지르며 놀았다. 종종 나보고 언제 다시 돌아오는지 묻기도
했지만 나는 그저 웃으며 고개를 끄덕였다. 나무 밑 벤치에 앉아
운동장에 뛰노는 아이들을 바라보았다. '그래, 내가 너희 때문에
이곳에 왔었지.' 나는 하나라도 더 담아가고 싶은 마음에 열심히
눈앞에 펼쳐져 있는 모든 것을 바라보았다. 그렇게 시간을 보내고
여느 때처럼 11시에 수업을 마치고 집으로 돌아가는 아이들과
선생님들과 같이 자전거를 타고 집에 왔다. 그리고 집에 도착한 후
얼마 지나지 않아 프레이뱅의 친구들이 집에 찾아오기 시작했다.

전날 밤, 분랭이라는 한국어 수업 제자 때문에 곤욕을 치루기도
했었다. 헤어짐이 아쉽다며 집에서 나와 같이 자야 한다는
것이었다. 나이도 훨씬 어리고 체구도 작아서 남자로 무섭게
느껴지지는 않았지만, 그럴 수는 없는 노릇이었다. 주인집
식구들까지 올라와 긴 시간 동안 분랭을 말렸지만 절대 안 간다고
떼를 쓰는 탓에, 테라스에 딸려 있는 방에서 분랭은 혼자 자고
나는 거실과 테라스의 연결 문을 잠그고 자는 것으로 결론이
났었다. 그렇게 같이 아침을 맞이하고 나는 학교에 다녀온
것이었는데 수업을 마치고 오니 분랭이 또 집에 1등으로 찾아왔다.
그리고 나의 김미숙 아줌마. 아줌마는 집에 와서 마지막까지
집 안과 내 짐을 정리해 주었다. 그리고 무릎을 꿇고 나를 위해
눈물을 흘리며 기도를 해주었다. 한국에 돌아가서 나의 행복과
안전을 위한 기도였는데, 그 기도 덕에 앞으로 나의 인생이 정말
그렇게 될 것만 같다. 아이들도 삼삼오오 모여 집에 놀러 왔다.
학교에서 그렇게 아무렇지 않게 돌아서더니, 갑자기 5년만 더
선생님을 해달라거나 여기서 결혼을 하면 안 되는지 떼를 쓰기도
했다. 그리고 집 안에 있는 정리가 안 된 물건들을 달라고 하기도
했다. 아이들에게 나눠주고 싶어 일부러 눈에 띄는 곳에 놓아
둔 물건들이었다. 하지만 놀러 오지 않던 아이들까지 너무 많이
온 바람에 그중 제일 가난한 아이들 몇에게 가방과 모기장 등을
나누어 주었고 쫌라은에게는 마침내 어린이용 칠판을 선물해
줬다. 그리고 2년 내내 한국에서는 사용하지 않는 10년 정도 된

MP3를 항상 달라고 했던 아이가 있었는데 나는 MP3에 캄보디아
노래들을 넣어두고 이날을 기다려 왔다. 역시나 그 아이도 집에
놀러 왔고 드디어 나는 아이가 간절히 바라던 MP3를 선물로 줄 수
있었다. 그 친구가 MP3를 갖고 싶어 하던 것을 잘 알고 있어서인지
다행히 삐치는 아이들 없이 모두 축하해 주었다. 그 MP3를 받은
순간 아이의 표정은 아마 평생 못 잊을 것 같다.

아이들이 돌아가고 다음으로 한국어 수업 학생들도 찾아왔다.
우연히 시작하게 되었던 한국어 수업을 이렇게 끝까지 하게 될
줄이야. 체력적으로 힘들었지만 김미숙 아줌마를 비롯해 모두
다 나를 아낌없이 사랑해 주는 고등학생부터 우리 부모님 뻘
학생들이 선물이라고 다들 손에 뭔가를 하나씩 쥐고 왔다. 직접
만든 십자수, 말 모양의 장식품, 말린 망고, 전통 치마, 금팔찌,
팔찌는 이들의 한 달 월급에 맞먹는 가격이어서 한사코 거절했지만
다들 우리의 마음이라며 한국에 꼭 가져가기를 원한다고 하여
어쩔 수 없이 받아들었다. 나를 위해 가난한 이들이 선물을
준비하여 줬다는 것은 도움을 주고받는 우리의 다른 상황을 떠나
서로가 마음으로 통하는 진정한 친구가 되었다는 것을 증명해
줬다. 선물도 주고받고, 웃으며 얘기를 하고, 기념사진도 찍고 그런
시간을 보내고 밤이 돼서야 모두와 작별인사를 마칠 수 있었다.
다시 돌아오기는 힘들 것이라는 것을 나도 그들도 아는 이별.
악의가 없는 순수한 마음들이 만난 인연이었고, 다행인지
불행인지 언어의 장벽은 서로에게 좋은 말만 하게 만들었고

그것들이 오가다 보니 서로에게 좋은 사람이 되어 있었던 것 같다.
의심 하나 없이 작은 감정적인 마찰 없이 무조건적인 사랑으로
맺는 관계는 앞으로 내 인생에 경험하기 힘들 수도 있다. 이렇게
가슴 뛰는 일 역시. 그렇다고 할지라도 '안타깝고 아쉽다'가 아니라
평생 경험할 수 없을 수도 있는 모든 것들을 2년이라는 긴 시간
동안 내게 허락되었음을 감사한다.

또한 이들과 함께 지내면서 나는 가난이 이들을 순수하고 행복한
사람들로 만들기도 하지만, 어처구니없는 슬픔으로 찾아오는 것을
직접 보았다. 또한 나는 가끔은 외국인이란 것을 잊고 현지인,
이들과 동화되어 이들이 살아가고 있는 세상을 비슷하게 느낄
수 있었다. 그리고 그 세상은 내게 무조건 걱정 없이 '행복하게
살아'라고 늘 말했다. 얼굴을 마주할 수 있는 우리의 시간은
아쉽게도 오늘로 끝났지만, 나는 한국에 돌아가도 내가 보고
느꼈던 모든 것을 놓지 않으려 한다.

나의 존경하는 외할머니, 외할아버지, 두 분 덕에 남에게 베푸는
사람이 되고 싶었고, 하루라도 젊었을 때 도전해 보자라고 선택한
KOICA 봉사단원이었다. 그리고 그 덕분에 나는 캄보디아에 오기
전에는 결코 알 수 없었을, 백만장자도 살 수 없는, 앞으로 내 삶을
행복하게 나아갈 수 있도록 방향을 조절하는 키가 생겼다.

참 고마웠다!

캄보디아, 프레이뱅, 아이들, 우리 선생님들, 한국어 수업 제자들, 안녕!

나의 그들이 항상 행복하고 평안하기를…

PS.

반년 만에
다시 찾은
캄보디아

내 영혼은 아직 프레이뱅에 남아 있는 것 같은데 어느새 한국으로 돌아온 지 반년이라는 시간이 흘렀다. 시골 마을에서 혼자 외롭다며 2년 내내 그토록 그리워했던 한국에서 이제는 캄보디아를 프레이뱅을 사무치게 그리워하는 신세가 되었다. 한국에 돌아와서도 KOICA 단원으로서의 일과 연장선에 놓여 있는 일을 하고 싶어 캄보디아와 관련이 있는 NGO 단체에도 들어가 보았지만 생각과는 다른 현실에 마음을 접고 지금은 다시 미술에 관련된 일을 하고 있다. 취업 준비를 하고 사람들을 만나면서 캄보디아에서는 한번도 받지 않았던 종류의 스트레스를 받으며 그리고 반가운 사람들과 꿈에 아홉 번이나 나왔었던 곱창을 먹고 싶은 만큼 먹으며 그렇게 서서히 한국 생활에 적응을 해왔다. 캄보디아에 가기 전 평생 한국인으로 한국에 살았었는데 캄보디아가 너무 짙었는지 나는 생각했던 것보다 꽤 긴 적응 기간을 갖게 되었다. 지금 한국이 한겨울이여서 그런지 캄보디아는 분명히 무지막지한 더위로 항상 나를 고생시켰던 것 같은데 그마저도 따뜻했던 것으로 기억된다. 그리고 무엇보다도 캄보디아만이 가질 수 있는 순수한 미소, 가난하지만 행복한 사람들은 시간이 지날수록 잊히기보다 더욱더 그리운 마음이 든다.

그래서 결국 반년 만에 나는 프레이뱅을 다시 찾기로 했다. 캄보디아에서 지낼 때 일 년에 한 번씩 두 번이나 찾아와 주었던 친구가 한 명 있는데 그 친구와 설 연휴가 끝난 후 5일의 짧은 일정으로 비행기에 몸을 실었다.

캄보디아 공항에 내린 순간 공기며 냄새며 눈에 보이는 모든 것들이 무척 설레고 반가웠다. 캄보디아에 가기 전, 김미숙 아줌마, 한국어 수업을 내게 받았던 학생들 그리고 한국에 와서도 꾸준히 전화를 하며 학교 소식을 전해 줬던 록끄루에게 미리 방문 일정을 얘기했었는데 프레이뱅에 도착하니 모두들 나를 기다리고 있었다. 김미숙 아줌마와는 보자마자 부둥켜안고 눈물을 흘렸지만 우리는 곧이어 웃으면서 다시 만난 기쁨에 웃으며 인사를 했다. 뒤따라 그들은 자연스럽게 나와 친구가 묵을 방으로 함께 들어왔다. 나는 프레이뱅의 사람들에게 주려고 거의 50kg 가까운 화장품 샘플, 남자 친구와 우리 집의 안 입는 옷, 가방 등을 모아 왔다. 이건 내게는 절대적으로 사랑하는 친구에게 주는 선물이지 도움을 주는 행위는 아니다. 대신 나에게는 더 이상 필요 없는 물건들이 프레이뱅의 사람들에게는 최고의 선물이 된다는 것이 감사할 뿐이다. 내가 한국에서 가져온 짐을 풀자 김미숙 아줌마는 무겁고 힘들게 왜 이런 걸 갖고 왔느냐고, 다음부터는 꼭 아무것도 갖고 오지 말라고 나를 나무랐다. 하지만 아주머니를 위한 선물들을 주자 금세 활짝 웃으며 좋아해 주었다.

그리고 그 후부터 나와 친구는 프레이뱅에 있는 3일 내내 잠이 들기 전까지 단 일 분도 우리만의 휴식 시간을 못 가지는 강행군의 연속이었다. 록끄루가 아침에 오토바이로 우리를 데리러 오면 같이 학교에 가서 아이들, 선생님들과 시간을 보냈다. 학교에서의 일정을 마친 후 다시 게스트하우스로 돌아오면 일층에서 다른 친구들이 우리를 기다리고 있어서 그들과 밥을 먹고, 헤어지면 또 다른 친구들이 계속해서 찾아왔다. 각자의 집에 초대를 해주기도 하고 자꾸 밥값을 내려는 사람들 때문에 한국처럼 서로 내려고 씨름을 해야 하기도 했다. 주인집 아줌마는 왜 게스트하우스에서 지내기로 했느냐며 무척 서운해했다. 내가 살던 프레아뱅의 집은 아직 세입자가 안 들어와 비어 있었는데 다음부터는 돈을 안 받을 테니 무조건 소피아(캄보디아의 내 이름)의 집에서 묵으라고 했다. 주인집 아주머니는 내가 한국으로 돌아간 후 이 주 동안 내가 항상 앉아 있던 소파를 바라보면 눈물이 났다고 말하며 내게 커다란 앙코르와트 십자수를 선물로 줬다. 또한 록끄루는 캄보디아 전통 치마를 내 사이즈에 맞춰 선물로 주고 고등학생인 쳐다피어와 분랭도 한국에서 내가 들고 다니기는 조금 유치해 보이는 캐릭터 필통을 선물로 줬다. 그 어떤 값비싼 명품보다도 이들에게 받는 선물에 나는 세상을 다 가진 것처럼 행복했다.

덥지만 따뜻하게 느껴지는 날씨, 사랑이 넘치는 사람들 그리웠던 프레아뱅의 일정이 정말 눈 깜빡할 사이에 끝나 버렸다.

남을 도우고자 하는 마음은 스스로를 행복하게 하려는 본능에서 시작된다고 했다. 나 역시도 다른 이들을 도우고 싶은 마음에 선택했던 KOICA였지만 어느 순간부터 나는 내가 봉사단원이라는 생각은 하지 않게 되었던 것 같다. 아니, 캄보디아에서 지낼 때 내가 봉사를 하고 있다는 생각은 결코 해본 적이 없다. 선택해서 맡은 일을 했던 것뿐이었지만 이로 인해 한 작은 시골마을에서 나를 사랑하고 있는 사람들이 있다는 사실을 마음속에 간직하며 살 수 있게 되었다. 게다가 나의 친구들은 세상에서 제일 순수하고 착한 이들이다.

짧은 만남을 뒤로하고 나는 다시 한국에 있다. 다행히 이번 여행으로 전처럼 그리움에 밤을 지새우거나 아이들이 꿈에 나오는 일이 줄어들었다. 그리고 이번 여행을 포함해 세 번이나 캄보디아를 방문한 친구는 한국에 오자마자 KOICA 단원을 지원했고, 합격하여 국내훈련 입소를 앞두고 있다. 친구는 운명처럼 캄보디아 프레이뱅, 내가 몸담았던 롱덤라이 초등학교에 나와 같은 미술 교육 분야로 파견될 예정이다. 그리고 나는 2년이란 시간 동안 내가 하고 싶은 일을 할 수 있도록 힘을 주고, 한결같은 마음으로 기다려준 고마운 남자 친구와 가을에 결혼 후 캄보디아에서 신혼을 보낼 계획을 세우고 있다.

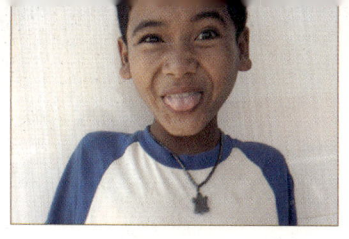
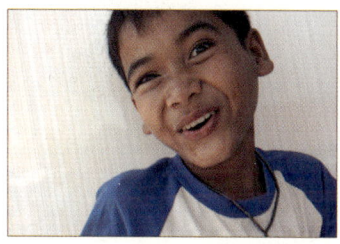
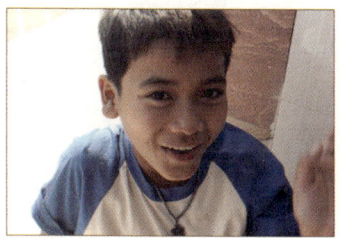

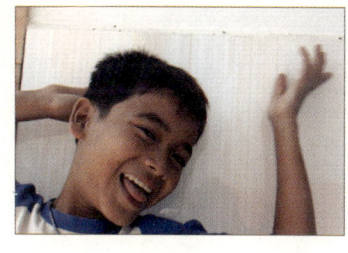

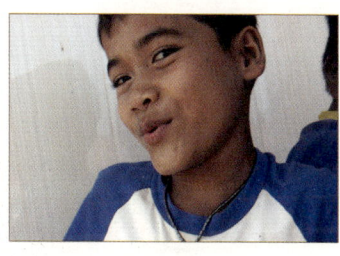
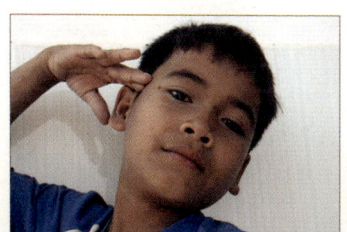

캄보디아의
소피아 선생님은
한국해외봉사단과 함께
나눔과 봉사를
실천합니다

한국해외봉사단,

나눔과 봉사를
실천합니다

01. World Friends Korea는 무엇인가요?

02. 21세기 글로벌청년리더가 되는 길, WFK-한국해외봉사단

03. WFK 한국해외봉사단 모집 다양한 분야와 직종을 선발합니다

04. WFK 한국해외봉사단원 모집부터 출국까지 살펴보기

05. 해외봉사단원 활동기간 중 지원내역 및 안전관리는 이렇게

06. 해외봉사단원 활동종료 / 귀국 후 다양한 기회가 제공됩니다

07. 더 좋은 세상 함께 만들어가요

https://kov.koica.go.kr

01

World Friends Korea는 무엇인가요?

월드프렌즈코리아(World Friends Korea, WFK)는 우리나라 정부부처들이 개별적으로 추진해 오던 해외봉사단 사업을 단일브랜드로 통합한 새 이름입니다.

WFK는 도움을 받는 나라에서 도움을 주는 나라로 성장한 경험을 통해, 개도국 이웃들의 어려움을 누구보다 공감하는 우리 국민들의 따뜻한 마음을 표현하는 이름입니다.

WFK는 '세계의 친구'로서 국제사회에 기여하는 한국인의 이미지를 더욱 선명하게 알리고, 앞으로 다 함께 잘 사는 인류사회 건설을 위한 아름다운 변화에 앞장설 것입니다.

WFK-한국해외봉사단
http://kov.koica.go.kr

WFK-대학생해외봉사단
http://kucss.or.kr

WFK-해외인터넷청년봉사단
http://www.nia.or.kr/kiv

WFK-중장기자문단
http://kov.koica.go.kr

WFK-개도국과학기술지원단
http://tpc.nrf.re.kr

WFK-퇴직전문가
http://www.nipa.kr

WFK-세계태권도평화봉사단
http://tpcorps.org

ㅇ 필요하다면 언제든 위 사이트로 접속하세요!

02

21세기 글로벌청년리더가 되는 길, WFK-한국해외봉사단

WFK 한국해외봉사단은 개발도상국의 지속 가능한 경제 사회발전을 높기 위한 공적개발원조 ODA 사업의 하나입니다. WFK-한국해외봉사단은 2년간 개발도상국 주민들과 함께 생활하며 교육 및 직업훈련, 농수산업, 보건위생, 농촌개발 등 분야에서 기술 지원 및 교류 활동을 통해 그들의 삶의 질을 높이고, 더 나아가 우리나라와 파견국의 상호이해증진에 기여하게 됩니다. 귀국 후에는 해외봉사활동 경험을 우리 사회에 환원하고 21세기 글로벌 인재로서 능력을 발휘하는 기회가 될 수 있습니다.

WFK-한국해외봉사단 파견유형

일반봉사단, 시니어봉사단, 국제협력요원(국제협력봉사요원 국제협력의사)으로 나뉘며, 봉사정신이 투철하고 심신이 건강한 만 20세 이상 대한민국 국민이면 누구나 지원할 수 있습니다.

일반봉사단원
군복무를 필하였거나 면제된 자로서 해외에서 봉사활동을 수행할 수 있는 일정 수준의 자격을 갖춘 만 20세 이상 단원

시니어봉사단원
파견분야 10년 이상의 근무경력과 전문성을 갖춘 만 50세 이상 단원

국제협력요원
해외봉사활동으로 병역의무를 수행

국제협력봉사요원 : 현역병 입영 대상자 또는 보충역으로 병역 처분을 받은 자 중 일정 수준의 자격과 건강을 갖춘 요원(복무기간 30개월 중 국외복무 24개월)
국제협력의사 : 병역법에 의해 국제협력의사로 편입이 가능한 의사 자격증 소지자(전문의 우대, 복무기간 36개월중 국외복무 28개월)

03

WFK-한국해외봉사단 모집 다양한 분야와 직종을 선발합니다

WFK-한국해외봉사단은 도움이 필요한 세계 각지에서 활동합니다. 활동인원은 1,636명^(2012년 11월 기준)이며, 지난 23년간 65개국에 9,700여 명이 파견되었습니다

한국해외봉사단은 나눔 + 봉사를 실천합니다

교육
취학연령아동들이 대상으로 하는 기초교육기관, 성인을 대상으로 하는 중등교육기관, 미취업자 및 구직자를 위한 직업훈련학교에서 활동하며, 전반적인 인적자원개발을 지원하고 있습니다.
직종 과학, 미술, 미용, 수학, 요리, 체육, 유아교육, 음악, 직업훈련, 특수교육, 한국어 등

공공행정
정부부처, 관공서, 학교 등에서 활동하며, 개발도상국과 선진국간의 정보격차 해소를 목표로 우리나라의 우수한 행정경험을 전수하고 있습니다.
직종 경영, 경제, 관광, 마케팅, 박물관, 사서, 사회복지, 통신기술

보건
병원, 보건소 등에 파견되어 위생환경 개선, 전염병 예방, 모자보건 증진을 위해 활동하고 있습니다.
직종 간호, 물리치료, 방사선, 보건일반, 영양관리, 임상병리, 작업치료, 치위생

산업에너지
경제개발의 근간이 되는 산업 및 에너지 분야에 파견되어 관련 기술을 전수하고 있습니다.
직종 건축, 공예, 기계, 섬유/의류, 식품가공, 용접, 자동차, 전자, 토목 등

농림수산
개발도상국 농어촌 주민들과 함께 생활하며 지역의 소득증대, 생활환경 개선을 위해 활동하고 있습니다.
직종 농경제, 농기계, 농업일반, 수산양식, 수의사, 원예, 임업, 지역사회개발, 축산

04

WFK-한국해외봉사단원 모집부터 출국까지 살펴보기

모집선발상담센터
1588-0434

| 지원서접수 | 해외봉사단 모집기간 중 홈페이지에서 온라인지원서 작성 및 제출 |

| 서류전형 | 학력 경력 자격증 등 직종 전문성 평가 |

| 면접전형 (인성검사) | 직종 전문성 평가 및 봉사자의 기본자세와 소양 점검 |

| 신체검사, 신용 및 신원조회 |

| 국내훈련 (4주 합숙훈련) | 봉사정신 함양, 언어 . 소양 . 실무 . 안전관리교육 실시 |

| 출국 및 현지적응훈련(8주) | 해외봉사단 지원서는 봉사단모집홈페이지 http://kov.koica.go.kr에서 등록, 접수하실 수 있습니다. |

05

해외봉사단원
활동기간 중 지원내역 및
안전관리는 이렇게…

WFK 해외봉사단원은 국내훈련,
현지적응훈련 및 봉사활동기간 중
안전하고 효과적인 활동을 위해 각종
지원을 받게 됩니다.

한국해외봉사단은 나눔 + 봉사를 실천합니다

파견 전

국내훈련기간
국내훈련수당 및 훈련용품 지급
예방접종 및 휴대용 안전장비 지급
재해보상

출국준비기간
여권 및 비자발급 지원
왕복항공료 및 화물탁송료 지원
출국준비금 지급

파견 후

현지정착비

주거비 및 생활비
봉사단원 파견국 물가수준 고려 지급

활동지원
활동물품구입비, 현장사업비 등

봉사단 유숙소 운영(수도에 한함)

건강 및 안전 관리

- 재해 및 상해보험 가입
- 긴급후송서비스(SOS) 재난발생시 안전한 지역으로 후송
- 의료지원 상해 . 질병 치료비 지원 / 연간 정기 건강검진 실시 / 24시간 의료상담

KOICA 안전종합상황실
해외 긴급상황발생시 신속 대처할 수 있도록 24시간 운영합니다.

031.740.0640

06

해외봉사단원
활동종료 / 귀국 후
다양한 기회가 제공됩니다

한국해외봉사단은 나눔 + 봉사를 실천합니다

KOICA 지원 및 기회제공
임기를 종료하고 귀국한 단원들에게는 신속한 국내 적응을 돕기 위해
국내정착금 및 취업 정보지원, 장학 혜택, 국제협력사업 참여기회 등이 제공됩니다.

국내정착지원금 지급
파견기간 중 적립한 소정의 금액(월50만 원)을 국내정착지원금으로 일시 지급

취업지원센터 운영
귀국단원들의 국내정착 위한 취업지원센터 운영
해외취업정보제공 해외유망직종안내, 구인정보 제공

국제협력활동 지원
KOICA 직원채용시 우대 귀국봉사단원이 직원이 되면 봉사기간 경력 인정

장학금 지원
봉사 활동 분야 및 국제개발협력 관련분야 석·박사과정 진학 시
심사를 거쳐 장학생 선발

국내 봉사단네트워크
한국해외봉사단원연합회(KOVA) 봉사활동 경험을 살려 봉사문화정착과
제3세계 지원 등 공익적 사회활동을 목적으로 하는 귀국단원들의 모임
지역 커뮤니티 수도권 포함 총9개 국내 지역별 커뮤니티 운영

"주고오려 했는데
더 많은 걸 받아 왔어요."

해외봉사활동은
흔히 많은 것을 포기하고
희생하는 것으로만 여겨집니다.
그러나 경험해 본 이들은
오히려 얻은 것이
더 많다고 합니다.

"실질적 성과를 거두는 것도 중요하지만 그들 가운데 하나가 되는 것이
더 중요하다. 혼자 할 수 있는 일이 거의 없었다. 그래서 도움을 주려고 왔는데
오히려 도움을 받고 간다."
안예현 (도시계획, 2007-2009, 네팔에서 활동)

"해외봉사활동, 그 특별함"

**내가 가진 능력을 나누는 것은
보람 있는 일이며,
성숙한 인격을 완성하는
지름길입니다.**

"다른 사람에게 내게 있는 것을 나누어 줄 때 그만큼
좋은 무언가가 내 안에 채워지는 것을 경험했다."
김영동 (간호, 2007~2009 페루에서 활동)

한국국제협력단(KOICA)은 대한민국의 자랑스러운 이름을 지구촌에 널리 알릴 수 있습니다.

"시간이 지날수록 한국인이라고 알게 되고, 돈이 목적이 아닌 봉사,
나누러 왔다는 걸 알고 고마움을 표하는 사람들이 많아졌다."
김유신 (사회복지, 2007~2009 방글라데시에서 활동)

07

더 좋은 세상
함께 만들어가요

우리 정부의 대개도국 무상협력사업을 전담 실시하는 외교통상부 산하 정부출연기관으로 1991년 4월 설립되었고 프로젝트, 해외봉사단파견사업, 국내초청연수 등 다양한 사업을 통해 개발도상국의 경제사회발전을 지원하고 있습니다.

해외봉사단 모집상담센터

주소. 경기도 성남시 수정구 대왕판교로 825 (461-833)
　　　한국국제협력단 월드프렌즈사업본부 1층
운영시간. 09:00-18:00 (중식 12:00-13:00)
전국공통전화. 1588-0434
팩스. (031)740-0662
홈페이지. http://kov.koica.go.kr
모집상담이메일. kov1@koica.go.kr

대중교통편 안내

광역버스. 6800번
(지하철 강남역3번, 양재역9,10,11번 출구 노변정류장 승차 - 나라기록관 앞 하차)

광역버스. 1007, 1007-1, 5600, 6900
(지하철 수서역6번, 잠실역6번 출구 수원방향 승차 - 나라기록관 앞 하차)

협력단~양재역 순환차량(25인승) 일3회 운행
(양재역 9번출구 서초구민회관 앞 | 10:30, 14:00. 16:30 출발)

캄보디아의 소피아 선생님

초판 인쇄	2016년 2월 19일
초판 발행	2016년 2월 22일
지은이	안진선
발행인	김영목
발행처	한국국제협력단
주소	경기도 성남시 수정구 대왕판교로 825
전화	031.740.0114
팩스	031.740.0655
홈페이지	http://www.koica.go.kr
펴낸이	윤태현
편집	선형숙
디자인	김기연
펴낸곳	시나리오친구들
출판등록	1999년 3월 5일 제201-13-917호
주소	서울시 마포구 아현동 굴레방로1길 6
전화	02.712.9286
팩스	02.712.9284

printed in Korea ⓒ 2016 안진선
ISBN 978-89-89538-73-8 (03810)
값 13,000원

이 책 내용의 전부 또는 일부를 무단 복제하는 것은 저작권법에 의해 금지되어 있습니다.
저자와의 합의에 의해 인지는 생략합니다.